recevoir
autour d'une soupe

Édition du Club France Loisirs, Paris
Avec l'autorisation des Éditions du Rouergue

Éditions France Loisirs,
123, boulevard de Grenelle, Paris
www.franceloisirs.com

recevoir
autour d'une soupe

sous la direction de Colette Gouvion
recettes Arlette Sirot
photographies Dorian Shaw
illustrations et stylisme Claire Connan

ÉDITIONS FRANCE LOISIRS

INSPIRATIONS

La cuisine est un art et une pratique. Les grands cuisiniers sont des artistes qui inventent véritablement des recettes, mettent au point des associations inédites, et, dans une perpétuelle recherche, enrichissent leur carte de trouvailles longuement mises au point. Les pratiquants sont de beaux gourmands qui se nourrissent de l'immense fonds commun des recettes du répertoire, les reprennent telles quelles ou les arrangent à leur manière, en innovant parfois dans les détails.

Je suis de ces pratiquants. Je crois avoir toujours été gourmande et j'aime régaler mes amis. C'est ainsi qu'un jour je suis devenue restauratrice et j'ai adoré ce métier, y compris en consacrant aux soupes une belle place dans les menus. L'honnêteté, cependant, m'impose de préciser que celles que j'ai choisies et cuisinées pour cet ouvrage ne sont pas nées de toutes pièces de mon imagination culinaire. En vérité elles me viennent de bien des sources qui se mêlent. Les innombrables livres de cuisine du monde entier que j'ai lus comme d'autres des romans et dont je continue à me régaler, les revues que je collectionne, les découvertes que j'ai faites lorsque j'étais restauratrice grâce aux chefs avec lesquels je travaillais ont ensemble nourri mes réalisations. J'ai bien sûr interprété, modifié tel ou tel élément, innové, mais je serais bien incapable aujourd'hui de savoir au final, comme d'ailleurs, sauf cas particulier, la plupart des auteurs de livres de cuisine, ce qui revient au tronc commun de la cuisine, ce que j'ai inconsciemment emprunté à tel ou tel cuisinier, ce que j'ai puisé dans le répertoire paysan, ou ce que j'ai réellement inventé.

Je tiens donc à remercier ici tous ceux et celles qui furent mes inspirateurs. En souhaitant qu'à leur tour les lectrices et les lecteurs de ce livre des soupes s'en approprient les recettes, les modifient à leur gré, et perpétuent ainsi cette cuisine toujours présente et toujours en mouvement, qui traversant les ans, et même les siècles, demeure, toujours la même et toujours recréée, inépuisable source de plaisir.

Arlette Sirot

AU PLAISIR DES SOUPES

Dîner d'une soupe. L'idée n'est ni neuve, ni originale. C'est de soupe que se sont nourris, des siècles durant, la majorité de nos ancêtres paysans et ouvriers. Seules les tables des puissants voyaient défiler la multiplicité des plats. Chez les autres, bouillie, panade, tranche de pain trempée d'un bouillon plus ou moins enrichi d'un peu de lard, de viande ou d'œufs, à la fortune du pot, constituaient l'ordinaire. À ces soupes vitales nous voulons offrir une descendance avec les recettes ici réunies. Non point de ces liquides agréables, plus ou moins sophistiqués, qui ouvrent le dîner, mais de vrais plats complets, propres à rassasier les appétits en réjouissant le palais.

Nous les avons concoctées par familles. Selon les circonstances et la saison, l'humeur et l'envie, vous pourrez choisir. Les ravigotantes, viandes, légumes, céréales, etc. sont vraiment de celles qui comblent les plus affamés. Les euphorisantes sacrifient à la coutume paysanne du chabrot — le petit trait de vin rouge qui change tout —, mais peuvent aussi tenir leur saveur de la bière, de vin blanc ou d'une lichette de marc. Les potagères sont dédiées aux amoureux des légumes en tout genre, voire des herbes sauvages. Les désaltérantes se servent froides, par les belles nuits d'été. Les élégantes sont destinées aux soirs où l'on a décidé de mettre les petites soupières dans les grandes. Et les sucrées, enfin, sont là pour les desserts, les goûters un peu exceptionnels, les amis qui passent après le repas. Toutes, sauf — et encore — celles de cette dernière catégorie, sont assorties de compléments ou se servent avec des tartines diverses, qui en font, justement des plats complets.

Ces soupes-repas multiplient les avantages. Presque toutes sont si faciles à réussir qu'un enfant y parviendrait sans difficulté. Leur mise en route est généralement assez rapide, même si la cuisson ensuite — ce n'est pas toujours le cas — demande un peu plus de patience. Généralement, à quelques exceptions près pour les élégantes, leurs ingrédients sont peu coûteux et leur rapport qualité-prix imbattable. Elles ne nécessitent que la plus courante des batteries de cuisine. Presque toutes peuvent se préparer bien à l'avance et se réchauffer au dernier moment. Soupe, salade, fromage, dessert pour terminer, pas de coup de feu de dernière minute, pas de cuisinière ou de cuisinier stressé à l'instant de passer à table : ils peuvent tranquillement s'asseoir parmi les convives et n'auront plus à les quitter de tout le repas. Enfin, la diversité des couleurs, des textures, des petits accompagnements permet de s'amuser beaucoup en dressant le couvert avec des récipients originaux, des décors de légumes comme cela se faisait beaucoup à la Renaissance notamment avec des artichauts, des nappes amusantes et de belles harmonies de tons.

Une question, peut-être, va vous taquiner. Ces recettes sont-elles de soupes ou de potages, et quelle différence réelle y a-t-il entre les deux ? C'est une affaire d'érudits pas encore très claire, qui s'est compliquée ensuite sous l'influence des modes et au fur et à mesure de la sophistication des recettes.

Chronologiquement, si l'on en croit les historiens, le potage gagne à l'ancienneté puisque dès qu'il y a eu « pot », il y a eu « potage » pour désigner tout ce qui cuisait dans cette géniale invention des hommes de la Préhistoire. Cela nous ramène à l'âge du feu. Si l'on en croit les

résultats des fouilles archéologiques, confortés par des comparaisons avec les pratiques d'ethnies restées, il y a peu de temps encore, à l'écart des progrès technologiques, la cuisson bouillie n'attendit même pas le pot. Un creux de roche empli d'eau tenait lieu de marmite. On y plongeait des cailloux ou des galets chauffés à blanc et cela suffisait à assurer et maintenir l'ébullition pendant tout le temps nécessaire à la cuisson des récoltes sauvages. Nos modernes bouilloires à résistance électrique ne sont finalement rien d'autre que les descendantes de ce système simple et judicieux. Puis vinrent la poterie, ensuite l'âge des métaux : le pot s'installait… et dure toujours.

Pour la soupe, c'est une autre histoire. Le mot, apparemment d'origine franque, se retrouve dans le bas-latin « sappa » qui signifie « tremper ». Que trempait-on ? Des graines cuites en bouillie, du pain, des galettes. Toutes choses qui n'apparurent qu'avec les premières cultures céréalières, donc après les premières cuissons au pot. Mais « soupe » figure dans les écrits dès la fin du XIIe siècle alors que « potage » n'est repéré qu'un siècle plus tard. Match nul, en somme. Dans une égalité d'autant plus grande que « soupe » et « potage », bien longtemps, désignèrent strictement les mêmes modes de nourriture. C'est seulement au XVIIe siècle que le beau monde, jugeant sans doute par trop plébéienne cette brave soupe que l'on « trempait » lui préféra le mot « potage », jugé plus élégant. Chez les nantis, il y eut donc, notamment à la Cour, le service des potages, généralement quatre, plus raffinés les uns que les autres, servis en

bassins, avec une jolie coutume, le « dormant », sorte de plateau à étages sur lequel étaient disposés les épices et condiments qui accompagnaient tout le repas. Pendant ce temps le bon peuple continuait de se nourrir, et pour plus de deux siècles encore, de soupes trempées auxquelles on ajoutait, à la fortune du pot, un bout de lard, un os, un peu de viande les jours fastes.

En ce qui nous concerne, nous avons préféré la soupe au potage. Lorsque l'on dit « À la soupe ! », familier, bon enfant, chaleureux, l'appel est compris des petits et des grands, lancé dans les villes aussi bien que dans les campagnes, et n'a pas varié depuis des siècles. « Soupe » est à la fois le nom d'une préparation spécifique et un terme générique bien plus vaste synonyme de nourriture, de tablée et de convivialité que l'on utilise même lorsqu'il n'y a pas de soupe au menu. La soupe, comme le pain qu'elle trempait, et qui compte autant d'expressions du langage courant que lui, est chargée d'une puissante symbolique. Elle résume à elle seule, depuis les premières bouillies de la Préhistoire, la nourriture, la plénitude. Cuisinée par la plus anonyme des femmes ou par un grand chef, il y a toujours en elle quelque chose de maternel. Recevoir autour d'une soupe, c'est donner de la chaleur aux corps et aux cœurs de ceux que l'on aime. C'est tout en se simplifiant la vie, célébrer à la fois la gourmandise, la générosité et la convivialité. Alors, à la soupe ! Et bon appétit.

Colette Gouvion

LES RECETTES

LES DÉSALTÉRANTES

LES ÉLÉGANTES

LES EUPHORISANTES

LES POTAGES POTAGERS

LES RAVIGOTANTES

DU GOÛTER AU DESSERT

LE PAIN ET LES HUILES

LES DÉSALTÉRANTES

Des potages pour les jours chauds ? Bien sûr s'ils sont à consommer froids, et même glacés. Arrivés tardivement dans nos coutumes gastronomiques, ils y occupent une place particulière, et l'on y voit une touche d'originalité, alors qu'ils sont tout à fait traditionnels dans les pays ibériques. Nous avons privilégié ici les recettes les plus fraîches et désaltérantes. Accompagnez-les de toasts amusants grâce à nos recettes de pains et de cakes (pages 136-140), faites-les suivre d'un plat en gelée, avec une bonne salade, et tout se préparant longtemps à l'avance, vous pourrez recevoir, les beaux soirs d'été, sans avoir une seule seconde à quitter la table du repas. Dernier détail : aussi hautes en couleurs qu'en saveurs, ces soupes désaltérantes se prêtent à toutes les fantaisies de contenants : c'est le moment de sortir les nappes insolites, par exemple les jolies toiles cirées, les verreries amusantes, et pourquoi pas jattes, assiettes et coupelles en matière plastique aux tons quasiment fluo ou pots à fleurs obturés par un bouchon de silicone et assiettes à bouillie pour les petits enfants.

1

LE POTAGE GLACÉ AU CONCOMBRE

(recette pour 4)

Saveurs nouvelles pour des produits classiques. Tout en finesse et délicatesse, si l'on a soif ce potage désaltère. Si l'on a faim il nourrit. Il est élégant et plaisamment surprenant. À accompagner, par exemple, de beignets de crevettes.

Difficulté : **aucune.**

Temps de préparation :
15 min, mais au minimum 4 h avant de passer à table.
Plus 15 min au dernier moment pour frire les beignets.

Matériel nécessaire :
Une râpe
Un mixeur
Une grande passoire
Une belle coupe en verre pour le service
Une friteuse pour les beignets.

Marché :
2 concombres moyens
4 pots de yaourt velouté
1 verre de vin blanc
1 petit oignon blanc
1 petite gousse d'ail
1 cuillerée à café de sucre
1 petite botte de cresson
Le jus d'un demi-citron
Une bonne douzaine de grosses crevettes ou de beignets tout prêts.
Pour la pâte à beignets
250 g de farine
1/2 litre de lait
2 œufs
1 cuillerée à café d'huile
1 pincée de sel.

Peler les concombres. Réserver quelques rondelles pour la garniture. Râper ou couper le reste en tranches très fines. Saupoudrer de gros sel et laisser dégorger pendant une heure dans la passoire.
Ensuite, mixer le concombre avec les yaourts, le vin blanc, le jus de citron, l'oignon blanc et la gousse d'ail finement émincés, le sucre, du sel et du poivre. Couvrir et mettre au réfrigérateur au minimum 2 heures.

Pendant ce temps, éplucher le cresson.

Servir en ajoutant quelques rondelles de concombre et des feuilles de cresson, avec des beignets de crevettes achetés prêts à frire ou faits à la maison : il suffit alors de tremper de grosses crevettes cuites et décortiquées dans la pâte à beignets et de les déposer au fur et à mesure sur un papier absorbant. Servir ces beignets bien chauds dans un grand plat où chacun piquera.

On peut remplacer le cresson par des feuilles de menthe.

LE GASPACHO DE CONCOMBRE

(recette pour 4)

De la fraîcheur vitaminée.
À déguster par exemple avec des tranches de trois-tiers ou de pain aux poivrons rouges (recettes pages 138 et 140) tartinées de caviar d'aubergine. Idéal pour un souper léger, suivi par exemple d'une volaille en gelée.

Difficulté : **aucune.**
Temps de préparation : **30 min.**

Matériel nécessaire :
Un hachoir
Un mixeur
Une casserole
Une cuillère parisienne
Une écumoire.

Marché :
1 grand concombre
1 oignon 1/2
1 gousse d'ail
1 tomate moyenne
1 cuillerée à café d'huile d'olive
1 cuillerée à café de beurre
1 petit pois de concentré de volaille en cube
1 pointe de poivre de Cayenne
10 cl de crème fleurette
1 pincée de sel de céleri
De la fleur de thym
1 branche de menthe.

Hacher l'oignon et l'ail. Peler le concombre, le fendre en deux, le débarrasser de ses graines avec une petite cuillère, en mettre un peu de côté pour la garniture finale, émincer le reste.

Dans la casserole, faire chauffer l'huile et le beurre, y jeter l'oignon haché, le faire étuver sans qu'il se colore. Ajouter ensuite l'ail et le concombre, remuer et laisser cuire 5 minutes sans couvrir, puis ajouter le petit pois de bouillon de volaille, 75 cl d'eau, la fleur de thym, la pincée de poivre de Cayenne, du sel et du poivre au moulin. Laisser cuire 10 minutes, ajouter la crème fraîche et laisser faire un bouillon.

Enfin, à l'écumoire, enlever les légumes cuits et les mixer avec une louche de liquide de cuisson et quelques feuilles de menthe. Remettre dans le bouillon.

Peler et épépiner la tomate. La détailler en petits dés. Avec la cuillère parisienne, façonner de petites perles dans le restant du concombre. Les blanchir à l'eau bouillante très salée et les égoutter.

Verser le gaspacho dans la soupière de service. Ajouter les dés de tomate, les perles de concombre, laisser refroidir et mettre 1 heure au moins au réfrigérateur.

Au moment de servir, parsemer de quelques feuilles de menthe hachées.

LA SOUPE DE MELON AUX ÉPICES ET JAMBON

(recette pour 4)

Éplucher, épépiner le melon, le couper en morceaux et le mixer avec le jus du citron. Ajouter la noix de muscade, les clous de girofle et de l'eau jusqu'à obtenir la consistance d'une soupe.

Couper le jambon en dés. Les mettre dans la soupe.

Donner quelques tours de moulin à poivre et décorer de feuilles de menthe. Mettre au réfrigérateur.

Tonique et dépaysante pour un soir de grande chaleur. À servir avec des tartines de bon pain de campagne ou de pain aux graines de pavot et de belles tranches de jambon cru.

Difficulté : **aucune.**
Temps de préparation : **10 min.**

Matériel nécessaire :
Un mixeur
Une jatte ou une grande coupe.

Marché :
1 gros melon
3 clous de girofle
Un peu de noix de muscade râpée
Du poivre
1 citron
Quelques feuilles de menthe
2 tranches épaisses de jambon cru, plus 1 ou 2 plus fines par convive, en fonction des appétits.

LA SOUPE AUX BETTERAVES ET SES POMMES DE TERRE ÉCRASÉES

(recette pour 6)

Une recette insolite, réinterprétation d'une soupe classique de l'Europe de l'Est, épatante à déguster par exemple après une grande balade qui aura à la fois donné soif et grand faim. Son duo avec les pommes de terre écrasées en fait un plat complet très nourrissant. Pour le couvert, prévoir des bols ou des jattes pour la soupe, des assiettes plates pour la purée.

Difficulté : **aucune.**
Temps de préparation : **30 min.**

Matériel nécessaire :
Un moulin à légumes grille fine
Un fait-tout
Un chinois
Un mixeur
Une grande casserole
Un hachoir.

Marché :
500 g de betteraves rouges cuites
3 œufs entiers
12 pommes de terre
3 cuillerées à soupe de crème fraîche
Sel et poivre.

Éplucher et hacher les betteraves. Les mettre dans une casserole avec 2,5 litres d'eau bouillante. Laisser bouillir 10 minutes. Saler. Ajouter la crème fraîche et passer au moulin à légumes grille fine. Le bouillon devient translucide et d'une superbe couleur rubis.

Casser les 3 œufs, les battre en omelette,
les mélanger vivement au bouillon et passer au chinois.

Vérifier l'assaisonnement et laisser refroidir.

Au dernier moment, faire cuire les pommes de terre en robe des champs, à l'eau salée. Éplucher et écraser à la fourchette, ajouter beurre ou crème, un peu de muscade.

Servir en même temps la soupe et les pommes de terre. On mange alternativement un peu de pommes de terre chaudes et quelques cuillerées de soupe froide.

On peut également accompagner cette soupe de chips de betterave réalisées en coupant des betteraves rouges crues en fines rondelles, lesquelles seront frites dans l'huile. Servir aussitôt avec la soupe froide et les pommes de terre chaudes.

LA SOUPE GLACÉE DE TOMATES AUX HERBES

(recette pour 6)

Une soupe de légumes avec toutes les saveurs des étés méditerranéens. On peut par exemple la servir avec des tomates farcies froides et une salade de mesclun ou de roquette en vinaigrette à l'huile d'olive parsemée de fines lamelles de parmesan.

Difficulté : **aucune.**
Temps de préparation : **30 min.**

Matériel nécessaire :
Un fait-tout
Un mixeur
Une casserole.

Marché :
8 tomates
4 courgettes
2 oignons blancs
4 cuillerées à soupe d'huile d'olive
3 brins de menthe, autant de basilic et d'estragon
1 cuillerée à café de poivres blanc et noir mélangés
1/2 cuillerée à café de graines de fenouil

Peler et épépiner les tomates, éplucher et émincer les oignons. Éplucher les courgettes. Faire revenir dans l'huile d'olive les oignons, les courgettes en tronçons, les tomates en morceaux, saler, ajouter 1,5 litre d'eau, les herbes, cuire 20 minutes puis mixer.

Assaisonner avec les poivres moulus et les graines de fenouil.

Laisser refroidir et conserver au réfrigérateur pour servir glacé.

LE GASPACHO D'AVOCATS

(recette pour 4)

•

Couper les avocats en deux, dénoyauter, prélever la chair et la détailler en petits dés.

Émincer les côtes de céleri. Peler, épépiner et détailler également le concombre en dés. Idem pour le poivron.

Éplucher et hacher très finement les gousses d'ail et les oignons.

Dans le récipient de service, disposer tous ces légumes, ajouter le jus de tomate, assaisonner avec le vinaigre selon son goût, saler, laisser tomber quelques gouttes de tabasco.

Laisser macérer au réfrigérateur et servir très frais avec des quartiers de citron.

Une touche tropicale délicate ajoutée à une recette de gaspacho traditionnel. À accompagner, par exemple, de tartines de pain grillé et de guacamole, et à faire suivre d'une grande salade de tomates, basilic et mozzarella assaisonnée à l'huile d'olive.

Difficulté : aucune.
Temps de préparation : 30 min.

Matériel nécessaire :
Une jatte ou une grande coupe
Un hachoir et vos blanches mains.

Marché :
2 avocats fermes et mûrs
1 concombre
1/2 céleri branche
6 petits oignons blancs
1 poivron vert
4 gousses d'ail
1 citron
1 cuillerée à soupe de vinaigre de vin rouge
75 cl de jus de tomate
Sel
Tabasco.

LE GASPACHO DE TOMATES ET SES PALMIERS AU BASILIC

(recette pour 4 à 5)

•

Un vrai gaspacho, comme ceux que l'on déguste en Espagne dans des patios embaumés de jasmin. Aussi riche en vitamines qu'un cocktail de jus de légumes fraîchement pressés, et qu'accompagnent, pour combler l'appétit, d'irrésistibles palmiers au basilic.

Difficulté : **aucune pour le gaspacho. Et si l'on réalise les palmiers dans une pâte feuilletée prête à l'emploi, aucun talent spécial n'est requis.**
Temps de préparation : **15 min pour le gaspacho. 1 h en tout pour les palmiers.**

Matériel nécessaire :
Un mixeur
Un saladier
Une planche à pâtisser
Une plaque à enfourner
Un congélateur est indispensable pour les palmiers.

Marché :
4 grosses tomates
1 poivron rouge
1 concombre
1/4 d'oignon
1 gousse d'ail
1 dl d'huile d'olive vierge
Sel.
Pour 25 palmiers environ
250 g de pâte feuilletée
4 gousses d'ail
1 bouquet de basilic
De l'huile d'olive
Du gros sel marin.

Plonger les tomates dans l'eau bouillante pour les éplucher facilement. Les couper en deux pour les épépiner, puis les détailler en dés.
Laver, essuyer et épépiner le poivron et le couper en petits morceaux.
Éplucher le concombre, le couper en deux pour le débarrasser de ses graines et le couper en lamelles.
Éplucher la gousse d'ail.

Mettre tous ces légumes dans le mixeur avec l'huile d'olive et une pincée de sel. Mixer jusqu'à obtention d'une purée lisse. Verser dans un saladier et conserver au réfrigérateur.

Les palmiers peuvent se servir tièdes ou froids.
Mixer le basilic et l'ail avec un peu d'huile d'olive pour obtenir une pâte épaisse.
Abaisser la pâte feuilletée en un rectangle d'environ 40 x 30 cm sur 1/2 cm d'épaisseur.
La tartiner de la purée de basilic, puis rouler les deux grands côtés vers le centre de manière à obtenir deux rouleaux siamois. Les badigeonner d'huile d'olive.
Réserver 30 minutes au congélateur.

Préchauffer le four à environ 180 °C (thermostat 6 ou 7).
Sortir le rouleau du congélateur et le découper en tranches d'environ 1 cm d'épaisseur.
Les déposer sur la plaque du four préalablement huilée ; les saupoudrer de gros sel marin et faire cuire environ 15 minutes.

LES ÉLÉGANTES

Les soupes ne sont pas uniquement réservées à un quotidien sympathique et sans manière. Elles peuvent aussi, à base d'ingrédients plus ou moins luxueux et sous les apparences les plus soignées, devenir dignes des soupers du roi. En voici quelques-unes, dont trois directement « chipées » (avec leur généreuse autorisation) à de grands chefs de cuisine. Elles vont vous permettre de recevoir en toute élégance, d'autant que vous allez, à l'évidence, leur offrir avec art et esprit la mise en scène qu'elles méritent.

2

LE LAIT DE POULE À LA TRUFFE

(recette pour 4)

Une manière de chef-d'œuvre culinaire, à réserver aux occasions exceptionnelles, qui cache son onctuosité parfumée sous un couvercle de pâte dorée. Il conviendrait bien à un léger et fin souper de réveillon en petit comité.

Difficulté : **moyenne. Avec beaucoup de soin.**
Temps de préparation : **30 min.**

Matériel nécessaire :
Une casserole à fond épais
Un bol
Une cuillère en bois
Autant de soupières individuelles allant au four que de convives
Un pinceau.

Marché :
1 truffe
50 cl de lait
6 jaunes d'œufs
1 cuillerée à soupe de crème épaisse
250 g de pâte feuilletée (prête à l'emploi ce sera plus facile et rapide)
1 œuf entier
Sel et poivre.

Faire chauffer le lait avec 1/2 cuillerée à café de sel fin. Dans un bol, délayer les jaunes d'œufs avec un peu de lait chaud, verser dans la casserole de lait chaud et laisser épaissir en tournant sans arrêt avec une cuillère en bois, comme on le fait pour une crème anglaise. Lorsque cette préparation nappe la cuillère, retirer du feu.

Dans la truffe, découper quatre belles rondelles et hacher finement le reste.

Incorporer la crème épaisse et le hachis de truffe à la préparation crémeuse. Transvaser dans les soupières individuelles. Déposer sur chacune une rondelle de truffe et verser un quart du jus de la boîte de truffe.

Préchauffer le four à 210 °C (thermostat 7).
Abaisser finement la pâte feuilletée. Y découper 4 ronds d'un diamètre un peu supérieur à celui des soupières. Humecter les bords de chacune d'elles, couvrir d'un rond de pâte débordant sur le pourtour et soigneusement appliqué de manière à la clore hermétiquement.
Au pinceau, dorer les « couvercles » à l'œuf battu. Dessiner des croisillons avec la pointe d'un couteau mais surtout sans inciser la pâte.

Mettre au four et laisser cuire environ 15 minutes, jusqu'à ce que la pâte soit gonflée et dorée.

LA SOUPE DE MÂCHES AUX SAINT-JACQUES, SON FLAN DE CORAIL ET SES TARTINES DE CAVIAR DE TRUFFES

(recette pour 4)

•

Éplucher et émincer les échalotes. Hacher légèrement la mâche bien lavée et essorée. Faire revenir les échalotes dans le beurre, ajouter la mâche, laisser un peu suer, ajouter un litre d'eau, laisser cuire 5 ou 6 minutes, mixer et remettre dans la casserole. Ajouter la fécule délayée dans un peu d'eau, donner un bouillon. Garder au chaud.

Pour le flan de corail, mixer tous les ingrédients énumérés ci-contre. Emplir du mélange de petits moules allant au four. Couvrir de papier d'aluminium et cuire au bain-marie 10 minutes à four chaud.

Pendant ce temps, émincer les noix de Saint-Jacques crues en lamelles. Hacher les brisures de truffes le plus fin possible.

Au moment de servir, ajouter la crème fraîche à la soupe bien chaude, répartir dans des assiettes creuses. Disposer au centre de chacune un petit flan de corail démoulé, et tout autour des « pétales » de Saint-Jacques.

Servir avec des tranches de pain grillées tartinées du hachis de brisures de truffes avec un peu d'huile d'olive.

Si vous annoncez que le repas se fera autour d'une toute simple soupe de mâches, vous n'aurez sans doute droit qu'à un intérêt courtois. Ne dites rien de plus, et l'effet de surprise n'en sera que plus vif.

Difficulté : moyenne, sans plus.
Temps de préparation : 20 min.

Matériel nécessaire :
Une casserole
Un mixeur
De petits moules individuels allant au four
Un bain-marie ou un grand récipient pouvant en faire office
Du papier d'aluminium.

Marché :
300 g de mâche épluchée
1 cuillerée à soupe de fécule de pommes de terre
Un peu de beurre
De la crème fraîche selon votre goût
2 échalotes
Une à deux noix de coquilles Saint-Jacques par personne.
Pour le flan de corail :
100 g de corail
1 œuf
5 cl de crème double.
Pour les tartines :
Du pain de campagne
1 boîte de brisures de truffes
Un peu d'huile d'olive.

LA COTRIADE EN CROÛTE FEUILLETÉE

(recette pour 4)

Couper en rondelles les pommes de terre épluchées. Émincer carottes, oignons et poireaux. Peler et hacher les gousses d'ail.

Faire fondre un peu de beurre. Y faire suer les légumes pendant 1 à 2 minutes. Couvrir de 2 litres d'eau, saler, poivrer, ajouter le thym, le laurier, la sarriette et laisser mijoter de 15 à 20 minutes.

Dans les soupières répartir les légumes, les poissons, les moules bien grattées et lavées. Emplir du bouillon.

Découper, dans la pâte feuilletée, quatre cercles d'un diamètre un peu supérieur à celui des soupières, de façon à pouvoir les rabattre sur les pourtours. Humecter le bord de chaque soupière, la couvrir de pâte feuilletée en pressant bien tout autour pour que la couverture soit hermétique. Dorer à l'œuf battu. Dessiner de petits croisillons à la pointe du couteau surtout sans fendre la pâte. Mettre à four chaud (210 °C-thermostat 7) pendant environ 15 minutes, jusqu'à ce que la pâte soit gonflée et dorée. Servir dès la sortie du four.

Poissons et pommes de terre, la cotriade est aux côtes bretonnes ce qu'est la bouillabaisse aux côtes méditerranéennes. Simple et succulente, elle prend grand air si on la fait mijoter sous une appétissante croûte de pâte feuilletée pour la servir en soupières individuelles.

Difficulté : **moyenne.**
Temps de préparation : **1 h.**

Matériel nécessaire :
Une petite marmite
Quatre petites soupières individuelles allant au four.

Marché :
800 g de pommes de terre à chair ferme
2 poireaux
2 carottes
2 oignons
2 gousses d'ail
Laurier, thym, sarriette
4 filets de maquereaux
4 morceaux de lotte
4 filets de rougets
4 goujonnettes de soles
400 g de moules (on peut, selon son goût, opter pour d'autres poissons, mais il est impératif de ne prendre que des filets : les poissons à arêtes seraient difficiles à consommer baignant dans le bouillon)
1 rouleau de pâte feuilletée prête à l'emploi
Un peu de beurre.

LA CRÈME DE LAITUE AU CAVIAR

(recette pour 6)

Laver les laitues et les fendre en deux. Les plonger dans 2 litres d'eau portée à ébullition pendant 1 minute. Égoutter et rafraîchir sous l'eau froide.

Hacher menu l'oignon et la carotte après les avoir pelés.

Découper la poitrine fumée en dés.

Dans le beurre fondu, jeter ce hachis d'oignon et de carotte, la poitrine fumée en dés, et 3 laitues ciselées (la quatrième servira à la décoration). Faire étuver à couvert, sur feu doux, pendant 15 minutes, sans coloration. Mouiller avec le bouillon de volaille, ajouter la crème et le bouquet garni. Faire cuire 1 heure à feu doux et mixer.

Verser la crème de laitue bien chaude dans les assiettes. Mouler des cuillerées de caviar, les disposer dans les feuilles de la laitue restante, et les déposer sur la crème de laitue.

Douceur de la laitue, insolitement mariée à la saveur marine du caviar, une manière de sommet gastronomique pour le soir où, vraiment, on veut surprendre et ravir. Comme le proverbe dit « quand on aime on ne compte pas » nous donnons ici, fastueusement, une recette pour six personnes. Mais si vous divisiez les quantités par trois pour en faire le fin du fin d'un souper à deux, en amoureux, en sachant que le caviar est réputé aphrodisiaque ?

Difficulté : **aucune.**
Temps de préparation : **1 h 20 environ, cuisson comprise.**

Matériel nécessaire :
Un fait-tout
Une casserole
Un mixeur.

Marché :
4 laitues
1 oignon
1 bouquet garni
1 carotte
80 cl de bouillon de poule
25 cl de crème fraîche
100 g de poitrine fumée
50 g de beurre
120 g de caviar.

LE CONSOMMÉ DE FAISAN AUX MARRONS ET SES QUENELLES

(recette pour 6 à 8)

Prélever (ou demander au volailler de le faire) les deux blancs du faisan qui serviront à préparer les quenelles. À four très chaud, faire dorer la carcasse du faisan avec les cuisses et les abattis. Déglacer avec le vin blanc.

Préparer ensuite le consommé avec le bœuf, le faisan, 3,5 litres d'eau et le jus déglacé. En début de cuisson, dégraisser à l'écumoire puis ajouter tous les légumes émincés et laisser mijoter 2 heures.
Lorsque les viandes sont cuites, rectifier l'assaisonnement et passer le consommé à l'étamine.

Pendant que le consommé mijote, s'attaquer aux châtaignes. Inciser légèrement le côté bombé et les passer au four, à chaleur maximum, pendant 8 à 10 minutes, de telle sorte que leur peau éclate. Laisser refroidir et éplucher en retirant bien les deux peaux.
Verser 25 cl du consommé dans une casserole, y plonger les châtaignes avec une étoile de badiane.
Cuire 40 minutes à couvert et réserver au chaud.

Pour les quenelles, hacher les blancs au hachoir à grille très fine. Mélanger avec un œuf, du sel, du poivre, incorporer 1 dl de crème fraîche et bien malaxer.
À l'aide de deux cuillères à café, façonner les petites quenelles et les pocher quelques minutes dans de l'eau bouillante salée.

Répartir les châtaignes dans les assiettes. Emplir de bouillon. Disposer les petites quenelles en garniture et parsemer de pluches de cerfeuil.

Le plus somptueux des soupers d'automne. Légumes, faisan et châtaignes que peut-être vous aurez été vous-même ramasser dans les bois. Quant au faisan… Il y a d'excellents volaillers et on peut aussi imaginer des dîners de chasse sans chasseurs.

Difficulté : un peu plus que moyenne.
Temps de préparation : 3 h 30, cuisson comprise.

Matériel nécessaire :
Un plat à four
Une marmite
Un hachoir à grille très fine
Une étamine
Une casserole.

Marché :
1 beau faisan
500 g de bœuf pour pot-au-feu
300 g de carottes
300 g de poireaux
300 g de céleri
300 g de tomates
1 bouquet garni
2 gousses d'ail
1 oignon piqué d'un clou de girofle
Sel
Poivre
1 verre de vin blanc
1 œuf
1 dl de crème fraîche
300 g de châtaignes
1 étoile de badiane
Des pluches de cerfeuil.

LE CONSOMMÉ DE VOLAILLE ET SES PROFITEROLES AU FOIE GRAS

(recette pour 6)

À préparer la veille pour le lendemain, encore un plat complet, à base de consommé de volaille, qui, suivi d'une salade, sera la base délicate d'un réveillon ou d'un souper fin. Malgré son apparence fastueuse, il est assez facile à réussir et ne demande que du temps et du soin.

Difficulté : **moyenne. Inexistante si l'on achète les profiteroles toutes prêtes.**
Temps de préparation : **environ 4 h cuisson comprise.**

Matériel nécessaire :
Une marmite
Une poche à douille
Un tamis fin
Une plaque de cuisson
Une cuillère en bois.

Marché :
1 poule
1 carotte
1 navet
1 oignon
1 poireau
1 branche de céleri
Du gros sel
Du poivre en grain
1 blanc d'œuf.
Pour les profiteroles :
30 g de beurre
1 cuillerée 1/2 de paprika
50 g de farine
2 œufs
150 g de foie gras en bloc
Un trait de porto
Sel et poivre
1 poivron rouge
Un bouquet de cerfeuil.

La veille, préparer le consommé de volaille en mettant la poule dans 3 litres d'eau avec tous les légumes, le sel et le poivre. Laisser mijoter 2 heures, en écumant régulièrement, et continuer jusqu'à ce que le liquide ait réduit environ de moitié. Laisser refroidir.

Lorsque le consommé est froid, prélever toute la graisse remontée à la surface, enlever la viande et les légumes, passer le liquide au chinois puis le clarifier en le faisant doucement réchauffer avec un blanc d'œuf battu qui, en se coagulant, précipite et entraîne toutes les impuretés. Laisser reposer et filtrer de nouveau.

Pour faire les profiteroles, mettre dans une casserole 8 dl d'eau, le beurre coupé en petits fragments et le sel. Porter à ébullition puis baisser le feu. Lorsque le beurre est bien fondu, retirer du feu, ajouter le paprika et la farine en remuant sans cesse à l'aide d'une cuillère en bois.

Remettre le mélange sur le feu et de nouveau remuer jusqu'à ce qu'il se détache de la casserole.
Hors du feu, ajouter un œuf en malaxant bien pour l'incorporer ; casser le second œuf dans un bol, le battre à la fourchette et en incorporer la moitié à la pâte en mélangeant bien.

Beurrer une plaque de cuisson. À l'aide d'une poche à douille ou d'une cuillère, y déposer de petits tas de pâte d'environ 2 cm. Les dorer au pinceau avec le restant de l'œuf battu. Cuire au four thermostat 7 (200 °C) pendant 10 minutes environ. Éteindre le four. Entrouvrir la porte et laisser les profiteroles encore 5 minutes avant de les disposer sur une grille pour les faire refroidir.

Préparer la garniture de foie gras en écrasant minutieusement ce dernier, à l'aide d'une cuillère, à travers un tamis fin, jusqu'à ce qu'il soit bien lisse. Verser le trait de porto. On peut aussi mixer le foie gras avec ce porto.

Avec une poche à douille, ou en les incisant très délicatement de façon que le fond ne se détache pas, emplir les profiteroles de la crème de foie gras.

Pour servir, porter le consommé préparé la veille à ébullition. Disposer trois ou quatre profiteroles dans chaque assiette creuse, décorer du poivron rouge en dés et d'un peu de cerfeuil. Verser au dernier moment le consommé bien chaud et proposer le restant des profiteroles dans une assiette à dessert, ou bien servir le consommé en soupière et les profiteroles à part.

Version accélérée

En cas de hâte, on peut utiliser un bon bouillon de poule prêt à l'emploi et des petits choux à garnir. Il n'y aura plus qu'à préparer la mousse de foie gras et le résultat n'aura rien de déshonorant.

LES CHEFS ET LEURS SOUPES AUX FRUITS DE MER

(recette pour 4)

Pour terminer par un feu d'artifice le festival des soupes élégantes, trois recettes de grands chefs très inspirés par les fruits de mer. Exquises, spectaculaires, et ne demandant nullement des virtuosités de professionnel pour être réussies. La création, dans ces recettes, l'emporte de très loin sur la technique.

LES HUÎTRES EN BOUILLON DE TOMATES

d'Olivier Roellinger, le maître de la maison Bricourt à Cancale, trois étoiles au Michelin.

Difficulté : aucune.
Temps de préparation :
rapide dans sa dernière phase.

Marché :
2 douzaines de creuses n°1
2 douzaines de plates n°0 (sauvages de Cancale de préférence)
10 tomates (marmande ou saint-pierre)
2 oignons
1/2 mangue
1 rhizome de galanga (80 g)
1 cuillerée à soupe de sucre
2 cuillerées à soupe de vinaigre de riz
2 zestes de citron
1 cuillerée à soupe de sucre roux
3 gousses d'ail
2 belles branches de basilic
50 g de beurre
Sel fin
50 g de pourpier sauvage
Feuilles de basilic citronnelle
Pluches de thym
1 citron
Mélange d'épices : 1 c. à s. de cardamome, 2 étoiles de badiane, 2 clous de girofle, 3 c. à s. de macis, 1 c. à s. de niora, 10 c. à s. de coriandre.

Préparation de base. De 1 à 2 h à l'avance : faire chauffer à sec l'ensemble des épices, sauf la niora. Mixer dans un moulin à café et tamiser si nécessaire. Conserver dans un bocal hermétique.

Laver et préparer les petits bouquets de pourpier sauvage. Préparer les petites pluches de thym, le citron et les feuilles de basilic citronnelle.

Préparer le bouillon : prélever les zestes de citron, les tailler en lamelles et les blanchir deux fois. Les mettre à confire avec un peu d'eau et le sucre pendant 1 heure, puis les égoutter, les hacher très finement et réserver.

Mettre à rôtir au four les 3 gousses d'ail avec un trait d'huile. Ciseler les oignons. Enlever les pédoncules des tomates, les inciser d'une croix et les plonger 10 secondes dans l'eau bouillante. Les passer ensuite dans l'eau froide, la peau s'enlève ainsi très facilement. Les ouvrir en deux dans le sens de la largeur, les épépiner avec une petite cuillère en recueillant le jus à travers une passoire fine. Éplucher le rhizome de galanga, le tailler en cubes minuscules.

Faire revenir doucement au beurre, l'oignon puis le galanga. Ajouter le sucre et 2 cuillerées à soupe du mélange d'épices. Faire revenir 10 secondes, ajouter le vinaigre, donner un bon bouillon. Ajouter l'ail, les zestes, la mangue, les tomates, le basilic, le sel et le jus des tomates obtenu en les épépinant. Amener à frémir vivement et laisser cuire doucement 1 heure 15. Enlever l'ail et le basilic. Verser dans une passoire fine et laisser s'égoutter doucement, surtout sans presser, en recueillant le bouillon. On obtient ainsi une marmelade dans la passoire et le bouillon clair dans la casserole.

Ouvrir les huîtres, les décoller et les conserver dans leur eau respective. Vérifier l'absence de petits morceaux de coquilles.

Dernière minute. Réchauffer le bouillon de tomates sans le faire bouillir. Réchauffer doucement la marmelade. Amener doucement les huîtres dans leur eau à la température de 65 °C.

Disposer une quenelle de marmelade dans chaque assiette creuse, installer les huîtres, parsemer de pluches de thym et des zestes de citron. Verser le bouillon sur les huîtres, ajouter enfin un petit bouquet de pourpier.
Ce plat peut également être servi froid.

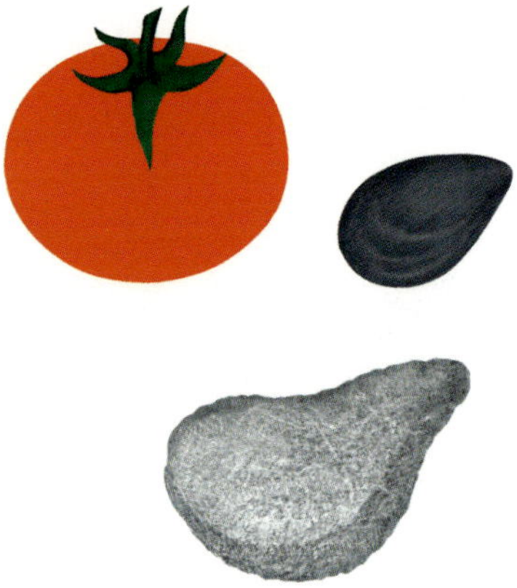

(recette pour 4)

LE MINESTRONE D'HUÎTRES AU PISTOU

de Jean-Paul Hartmann, restaurant *L'Almandin*, île de la Lagune à Saint-Cyprien (une étoile au Michelin).

Détailler tous les légumes épluchés en petits carrés d'environ 5 mm de côté.

Ouvrir et décoquiller les huîtres en les conservant dans leur eau.

Blanchir le basilic dans un peu d'eau bouillante puis le mixer avec 6 cuillerées à soupe d'huile d'olive, le sel, le poivre et l'ail haché.

Dans une casserole, faire suer tous les légumes dans le restant d'huile d'olive, saler, poivrer puis mouiller avec le bouillon de volaille. Donner 2 minutes d'ébullition, retirer du feu, ajouter les huîtres et le pistou.

Pour servir, disposer les légumes au fond de chaque assiette creuse, poser harmonieusement les huîtres dessus et arroser généreusement avec le bouillon de volaille.

LE MINESTRONE D'HUÎTRES AU PISTOU

Difficulté : aucune.
Temps de préparation : 45 minutes environ.

Matériel nécessaire :
Une casserole
Un fait-tout
Un mixeur.

Marché :
24 huîtres
6 dl de bouillon de volaille
60 g de carottes
60 g de navets
60 g de petits pois
60 g de haricots verts
60 g de fèves
1 botte de basilic frais
10 cuillerées à soupe d'huile d'olive
1 cuillerée à café d'ail haché
Sel et poivre.

LA SOUPE DE MOULES ET PALOURDINES AU SAFRAN

de Jean-Paul Hartmann, restaurant *L'Almandin*, île de la Lagune à Saint-Cyprien.

Dans deux casseroles, répartir les échalotes et le vin blanc. Y jeter d'un côté les moules lavées et brossées, de l'autre les palourdines. Cuire à couvert jusqu'à ce que les coquillages soient bien ouverts, les décortiquer, les réserver, filtrer leur jus de cuisson au chinois. Réunir ces deux jus de cuisson dans la même casserole, faire réduire légèrement, ajouter la crème fraîche, le safran, et faire réduire encore jusqu'à obtention d'une crème légère. Garder au chaud.

À la poêle, faire sauter les légumes en julienne dans l'huile d'olive, jusqu'à ce qu'ils soient cuits en restant fermes.

Remettre ces légumes ainsi que les coquillages décortiqués dans la soupe, redonner une petite ébullition et servir en soupière.

LA SOUPE DE MOULES ET PALOURDINES AU SAFRAN

Difficulté : aucune.
Temps de préparation : 30 à 40 min.

Matériel nécessaire :
Deux casseroles
Une poêle
Un chinois.

Marché :
1 kg de moules
1 kg de palourdines
Poudre et pistil de safran
100 g de carottes, de poireaux et de céleri rave détaillés en julienne
3 dl de vin blanc
2 cuillerées à soupe d'huile d'olive
50 cl de crème fraîche.

LE CONSOMMÉ DE LANGOUSTINES

de Christian Tetedoie, cuisinier à Lyon, meilleur ouvrier de France 1996, une étoile au Michelin.

Décortiquer les queues de langoustines et les garder au frais. Piler les crosses au mortier, les faire rissoler à l'huile d'olive avec une carotte, un oignon, le concentré de tomate. Après coloration, déglacer avec le cognac et le vin blanc, ajouter 2 litres d'eau, le bouquet garni, le sel, une tomate. Faire cuire doucement pendant 1 heure.

Battre les blancs d'œufs, les verser avec la tomate restante dans le bouillon très chaud pour le clarifier, filtrer, laisser refroidir et mettre au réfrigérateur.
Éplucher le rhizome de gingembre au couteau économe, la détailler en petits morceaux, ajouter le sucre, juste couvrir d'eau et laisser cuire 30 minutes.
Couper la carotte restante, le navet et le second oignon en brunoise, c'est-à-dire en dés minuscules, et les faire étuver à l'huile d'olive.

LE CONSOMMÉ DE LANGOUSTINES

Difficulté : moyenne.
Temps de préparation : environ 1 h 45.

Matériel nécessaire :
Un fait-tout
Une poêle
Une plaque de four
Une petite casserole
Un couteau économe
Un mortier.

Marché :
1 kg de langoustines
2 carottes
2 oignons
2 tomates
1 navet
1 bouquet garni
1 cuillerée de concentré de tomate
1/4 de litre de vin blanc
2 blancs d'œufs
1 dl de cognac
1 rhizome de gingembre frais
50 g de sucre
2 dl d'huile d'olive.

Mettre les queues de langoustines sur la plaque, les saupoudrer d'un peu de fleur de sel et les cuire 3 minutes à four chaud.

Dresser dans les assiettes creuses la brunoise bien égouttée, avec un peu de gingembre selon le goût, emplir avec le consommé bien glacé et, au dernier moment, ajouter les langoustines brûlantes et quelques pluches de cerfeuil.

Et enfin pour les petites futées la soupe chic de dernière minute :

SOUPE DE POISSON ET BROCHETTE D'HUÎTRES

Décoquiller les huîtres, récupérer leur eau et les pocher doucement 1 minute dans cette eau. Ensuite les égoutter, les éponger pour qu'elles soient bien sèches, les passer dans la farine, l'œuf battu et la chapelure. En garnir les brochettes en alternant avec les morceaux de bacon et faire frire à la poêle dans de l'huile chaude.

Pendant ce temps, filtrer l'eau des huîtres, l'ajouter à la soupe de poisson, bien faire réchauffer, servir la soupe en soupière et les brochettes à part.

SOUPE DE POISSON ET BROCHETTE D'HUÎTRES

Difficulté : aucune.
Temps de préparation : en fonction du nombre de convives et donc d'huîtres à ouvrir.

Matériel nécessaire :
Une casserole
Une poêle
Trois assiettes
Une brochette par personne.

Marché :
Par convive
6 huîtres
6 morceaux de bacon
De la farine
1 œuf battu
De la chapelure bien fine
Plus de la soupe de poisson en boîte, en bocal ou surgelée. On en trouve d'excellentes dans le commerce.

Autre variante

LA PARMENTIÈRE D'HUÎTRES AU LARD CROUSTILLANT

Prévoir ou avoir tout prêt un classique potage poireaux-pommes de terre passé au moulin à légumes ou mixé, à enrichir de crème fraîche.
Décoquiller et pocher les huîtres 1 minute dans leur eau. Égoutter. Faire dorer les tranches de lard à la poêle antiadhésive, avec un peu d'huile, jusqu'à ce qu'elles soient bien croustillantes.
Répartir le potage dans les assiettes creuses et poser dessus les huîtres et les tranches de lard.

PARMENTIÈRE D'HUÎTRES AU LARD CROUSTILLANT

Difficulté : aucune.
Temps de préparation : en fonction du nombre de convives et donc d'huîtres à ouvrir.

Matériel nécessaire :
Une casserole
Une poêle.

Marché :
Par convive
4 à 6 huîtres (spéciales n°1)
4 à 6 tranches fines de lard fumé
1 potage poireaux-pommes de terre.

LES EUPHORISANTES

On l'aura compris au titre : qu'elles découlent de la tradition paysanne du chabrot, c'est-à-dire d'une adjonction de vin rouge, qu'elles soient enrichies de bière, d'un vin blanc ou d'un peu de marc, toutes ces soupes sont alcoolisées. Même si la cuisson neutralise le degré d'alcool, elles sont donc réservées aux « grands ». Toutes, nourrissantes et réchauffantes, sont des plats d'hiver très indiqués, d'autant que la plupart vont en duo avec de solides compléments.

LA SOUPE À LA BIÈRE ET SES GAUFRES

(recette pour 4)

Un vrai repas pour appétits très ouverts, aux riches saveurs flamandes, et l'alliance heureuse autant qu'insolite de la bière et des épices. La soupe d'hiver par excellence.

Difficulté : **moyenne.**
Temps de préparation : **1 h en tout.**

Matériel nécessaire :
Un fait-tout
Une grande casserole
Une terrine
Un batteur
Un gaufrier.

Marché
1 litre de bière blonde
4 morceaux de sucre
1 citron
2 clous de girofle
1 bâton de cannelle
4 cuillerées à café de Maïzena
6 cuillerées à café d'eau froide
4 œufs
2 dl de crème fraîche.
Pour la pâte à gaufres
125 g de farine
30 g de beurre
80 cl d'eau
2 œufs entiers + 1 jaune
5 g de noix de muscade
5 g de sel.

À l'avance, préparer la pâte à gaufres : faire fondre le beurre à feu doux. Laisser tiédir puis ajouter les deux œufs entiers et le jaune, le sel et la noix de muscade.

Incorporer la farine en la versant en pluie, et diluer avec l'eau pour obtenir une pâte lisse et liquide.

Si des grumeaux se sont formés, passer la pâte au chinois pour les éliminer. Réserver.

Peu de temps avant de passer à table, faire cuire les gaufres et les garder au chaud.

20 minutes environ avant de passer à table, frotter les morceaux de sucre sur le zeste du citron jusqu'à ce qu'ils deviennent jaunes. Verser la bière dans un fait-tout avec ce sucre, les clous de girofle et la cannelle. Porter à ébullition. Délayer la Maïzena avec l'eau froide. Verser dans la bière en remuant bien. Laisser cuire 3 minutes.

Séparer les blancs et les jaunes d'œufs. Battre les jaunes jusqu'à ce qu'ils soient mousseux. Les ajouter à la soupe.

Saler, poivrer et verser doucement la crème pour avoir un mélange très onctueux. Garder au chaud.

Au dernier moment, battre les blancs en neige ferme.

Porter de l'eau salée à frémissement.

Avec une cuillère, former de petites boules de blanc d'œuf et les déposer délicatement dans l'eau frémissante, jusqu'à ce qu'elles soient fermes.

Verser la soupe dans la soupière, dans de grands bols ou des assiettes creuses, et la servir avec les boules de blanc d'œuf.

On peut aussi, si l'on préfère, remplacer les « meringues » par des œufs pochés dans de la bière.

Verser la bière dans une casserole, porter à ébullition, casser les œufs un à un dans une assiette, les faire glisser délicatement dans la bière bouillante, laisser frémir 3 ou 4 minutes, récupérer les œufs à l'écumoire et les déposer un instant dans une bassine d'eau glacée afin de stopper la cuisson.

Servir en même temps la soupe et les gaufres salées.

LE BOUILLON AU SAUTERNES ET SON BŒUF À LA FICELLE

(recette pour 6 à 8)

Viande, légumes et bouillon, c'est la version somptueuse du pot-au-feu des familles, conçue pour réchauffer et combler, un soir d'automne ou d'hiver, une belle tablée de gourmands affamés. Elle demande un peu plus de temps de préparation que la plupart de nos autres recettes, mais elle en vaut la peine.

Difficulté : **aucune. Il faut juste un peu de patience et de soin.**
Temps de préparation : **3 h 30 à 4 h tout compris.**

Matériel nécessaire :
Une grande marmite
Deux grandes casseroles
Un chinois
De la ficelle de cuisine.

Marché :
Pour le premier bouillon
500 g de bœuf pour pot-au-feu
2 os de bœuf
2 carottes
1 navet
3 poireaux
2 oignons
5 litres d'eau
Sel
Clous de girofle
Bouquet garni.
Pour le final
1,5 kg de filet de bœuf, d'aiguillette ou de romsteck
6 carottes
4 navets
6 poireaux
1 branche de céleri
3 fenouils
6 os à moelle
1 pointe de curry
4 verres de vin de Sauternes.

Lancer d'abord le premier bouillon avec la viande à pot-au-feu, les os, 5 litres d'eau, du sel, des clous de girofle et le bouquet garni. Laisser cuire 2 heures, et, pendant ce temps, éplucher tous les légumes.

Recueillir le bouillon en gardant la viande de pot-au-feu pour un autre usage, le passer au chinois, le remettre dans la marmite et y jeter tous les légumes, céleri et poireaux ficelés en botte. Les laisser cuire aux trois-quarts, c'est-à-dire environ 30 minutes, puis ajouter le second morceau de viande, préalablement bien ficelé, laisser bouillir 20 minutes puis réduire le feu au maximum et laisser gonfler encore 20 minutes.

Prélever une grande casserole de bouillon et y faire pocher les os à moelle pendant 5 minutes.

Garder la viande et les légumes au chaud.

Passer le bouillon. Lui ajouter une pointe de curry et le vin de Sauternes. Lui donner un bouillon et servir aussitôt la viande découpée en tranches entourée des légumes et des os à moelle, accompagnée du bouillon bien chaud et de tartines de pain de campagne grillées.

Avec la viande du pot-au-feu, vous pourrez le lendemain faire un hachis Parmentier, des tomates ou un chou farcis, ou bien tout simplement la découper en cubes et la servir en salade avec une vinaigrette à l'échalote bien relevée. Autre possibilité : en préparer la Fleisch schnecke dont la recette suit pour enrichir encore le plat ci-dessus ou remplacer le bœuf à la ficelle.

LA FLEISCH SCHNECKE

Pour faire un plat moins onéreux que le bœuf à la ficelle, et peut-être encore plus nourrissant, goûtez cette spécialité alsacienne qui mélange viande et nouille aux légumes.

Difficulté : aucune, malgré les apparences.
Temps de préparation : 2 h 30 plus le temps normal de cuisson d'un pot-au-feu s'il n'est pas déjà prêt.

Matériel nécessaire :
Une marmite
Un mixeur
Une planche et un rouleau à pâtisserie
Une poêle
De la ficelle de cuisine
Un torchon bien propre
Du film alimentaire.

Marché :
En plus du marché normal pour le pot-au-feu :
600 g de pot-au-feu cuit (viande et légumes)
1,5 litre de bouillon
1 oignon
1 petit bouquet de persil
300 g de farine
3 œufs
Sel et poivre.

(recette pour 6)

Une variante : la FLEISCH SCHNECKE.

Préparer la pâte à nouille en pétrissant la farine et les œufs jusqu'à homogénéité. L'envelopper de film alimentaire et mettre au frais pendant 2 heures.

Mixer la viande et quelques légumes avec le persil et l'oignon. Saler. Poivrer.

Étaler la pâte pour former un rectangle d'environ 2 mm d'épaisseur. Y répartir le mélange viande-légumes en s'arrêtant à 2 cm des bords.

Rouler le tout en forme de cylindre, envelopper dans un torchon bien serré et ficeler les extrémités.

Porter le bouillon à frémissement, y pocher le rouleau pendant 30 minutes, égoutter et laisser refroidir à plat.

Un peu avant de passer à table enlever le torchon, découper le rouleau en tranches de 2,5 cm d'épaisseur environ, les faire dorer à feu moyen, dans du beurre bien chaud, environ 1 minute de chaque côté, et servir tiède ou froid à côté du bouillon, aromatisé ou non d'un peu de sauternes ou de vin rouge.

LA SOUPE DE MOULES À L'ORANGE ET AU VIN BLANC

•

(recette pour 6 à 8)

Éplucher et hacher les échalotes. Détailler le blanc de poireau en julienne, c'est-à-dire en petits dés.

Dans la marmite, mettre les échalotes, le blanc de poireau, le vin et le fumet de poisson. Porter à ébullition, y jeter les moules, couvrir et cuire jusqu'à ce qu'elles soient toutes ouvertes.

Décortiquer les moules. Filtrer au chinois le jus de cuisson et, dans le fait-tout, le remettre sur le feu et le faire réduire d'un tiers. Ajouter alors la crème, le safran, et laisser réduire encore d'un tiers.

Presser le jus de l'orange et râper son zeste.

Dans la « soupe », mettre le beurre par petits morceaux, en tournant au fouet pour la faire monter. Ajouter enfin le zeste d'orange et la moitié du jus. Remettre les moules le temps de les faire réchauffer et servir dans des assiettes très chaudes.

Couleurs ensoleillées et saveur délicate, c'est une belle et riche exotique propre à ravir les amateurs de moules, d'épices et de sucré-salé. Avec de belles tartines de pain de campagne, elle se suffit à elle-même. Une salade, un plateau de fromages, et le repas est prêt.

Difficulté : **moyenne.**
Temps de préparation :
30 min.

Matériel nécessaire :
Une marmite
Un fait-tout
Un fouet
Un chinois.

Marché :
3 litres de moules lavées et brossées
2 échalotes
Le blanc d'un poireau
6 cl de vin blanc
10 cl de fumet de poisson (acheté tout prêt)
15 cl de crème fraîche
150 g de beurre
1 pincée de safran
1 orange
Sel et poivre.

LA SOUPE AU TAMIÉ ET MARC DE SAVOIE DU PÈRE SAINT-RUPH

(recette pour 6 à 8)

Éplucher et émincer les oignons. Les faire compoter dans le beurre fondu, à feu doux et à couvert, jusqu'à ce qu'ils soient dorés. Ajouter le bouillon de poule et laisser mijoter à feu doux jusqu'à ce qu'il réduise de moitié.

Pendant ce temps, mettre les tranches de lard dans une poêle froide, faire chauffer à feu doux jusqu'à ce qu'elles soient bien dorées et croustillantes. Les éponger sur du papier absorbant puis les hacher.

Râper grossièrement le fromage.
Le mélanger au lard.

Mixer le potage.

Séparer les blancs des jaunes d'œufs. Lier le potage avec les jaunes et la crème fraîche. Le chauffer sans le laisser bouillir et le répartir dans les bols de service.

Battre les blancs en neige très ferme. Y incorporer le mélange fromage-lard. En former de grosses quenelles et en déposer une sur chaque bol. Mettre au four à 180 °C (thermostat 6 ou 7) pendant 5 minutes environ, puis terminer par le gril jusqu'à ce que chaque meringue gonfle et soit bien dorée. Elle sera ainsi pochée dans la soupe par le dessous et cuite par le gril sur le dessus.

Servir aussitôt avec de généreuses tranches de pain grillé tièdes.

Montagnarde, solide et pieuse. Saint Ruph était un moine ermite. Il fonda l'abbaye qui porte son nom. Quant au tamié, il s'agit d'un fromage fabriqué par les moines de l'abbaye du même nom. Cette recette, véritablement faite pour les appétits d'après ski, nous a été donnée par Bernard Gay, de l'hôtel du Gay Séjour à Faverges, en Haute-Savoie. Elle se déguste avec des tranches de pain grillé tièdes.

Difficulté : **moyenne.**
Temps de préparation : **1 h.**

Matériel nécessaire :
Un fait-tout
Une poêle
Un hachoir
Un mixeur
Un batteur
Autant de bols ou de petites soupières individuelles allant au four que de convives.

Marché :
8 oignons
100 g de beurre
1 petit verre de marc de Savoie
1,5 l de bouillon de poule
100 g de lard fumé en tranches très fines
180 à 200 g de fromage de Tamié (ou, à défaut, de reblochon)
2 œufs
2 cuillerées à soupe de crème fraîche
Sel
Poivre
Pain de campagne.

LA SOUPE MARINE EN CHABROT

(recette pour 4)

Voilà la soupe des bords de mer, heureuse rencontre d'huîtres, de moules et de coques avec juste ce qu'il faut de vin rouge pour lui donner une personnalité encore plus forte. De belles tartines de pain de campagne et beurre au sel marin l'accompagnent à la perfection. Elle se sert de préférence à l'assiette.

Difficulté : **aucune.**
Temps de préparation :
45 minutes.

Matériel nécessaire :
Plusieurs casseroles
Un chinois.

Marché :
12 huîtres n°3
24 moules
24 coques
1 blanc de poireau
100 g de beurre
1 verre 1/2 de vin rouge
Poivre.

Ouvrir les huîtres, réserver leur eau après l'avoir filtrée au chinois.

Dans une casserole, à couvert, faire cuire séparément les moules et les coques. Filtrer leur jus de cuisson et l'ajouter à l'eau des huîtres.

Décortiquer les coquillages et les garder au chaud.

Émincer le blanc de poireau en julienne, c'est-à-dire en petits morceaux.

Porter à ébullition le mélange des eaux d'huître et de cuisson des coquillages. Ajouter un verre de vin rouge, faire réduire un peu puis incorporer le beurre en petits morceaux. Retirer du feu et donner un mouvement rotatif à la casserole jusqu'à ce que le beurre soit totalement absorbé par le bouillon.

Poivrer. Vérifier l'assaisonnement.

Mettre les assiettes de service à chauffer. Répartir entre elles le restant du vin rouge. Disposer les huîtres, moules et coques. Napper du bouillon bien chaud et parsemer chaque assiette de la fine julienne de poireau.

LA SOUPE DE FROMAGE AU BEAUFORT ET SES CROÛTONS

(recette pour 6)

Pour les amateurs de fromages et les amoureux des montagnes, une soupe cousine à la mode de Savoie de la fondue, mais en plus original. Un pétillant feu de bois lui irait fort bien au teint.

Difficulté : **moyenne.**
Temps de préparation :
30 à 45 min.

Matériel nécessaire :
Une grande casserole à fond épais
Une soupière de service
Une poêle
Une cuillère en bois.

Marché :
150 g de beaufort râpé
50 g du même fromage en petits dés
50 cl de vin blanc sec
2 jaunes d'œufs
50 g de crème fraîche
Du beurre
1,5 l de bouillon maigre (fait avec des cubes de bouillon dégraissé)
50 g de farine
1 gousse d'ail
Persil
Sel
Poivre
Noix de muscade.

Dans la casserole à fond épais, faire fondre le beurre, saupoudrer avec la farine, mélanger à la cuillère en bois, mouiller avec le vin blanc et le bouillon. Ajouter l'ail, le poivre, la noix de muscade râpée et très peu de sel.

En remuant toujours, porter à ébullition et verser en pluie le fromage râpé. Dès qu'il est fondu, retirer le récipient du feu.

Battre les jaunes d'œufs avec la crème. Mettre ce mélange dans la soupière de service, verser dessus la soupe bien chaude, saupoudrer de persil haché, mettre les dés de beaufort, et servir très chaud avec des croûtons frottés à l'ail et dorés à la poêle dans un peu de beurre.

Pour les gros appétits, on peut faire suivre cette soupe de tranches de jambon cru avec une salade.

LES POTAGES POTAGERS

Nos aïeules descendaient au jardin, cueillaient quelques légumes de saison, faisaient un petit tour dans la campagne pour y ramasser des pissenlits ou des orties et de ce modeste butin elles concoctaient les plus potagers des potages. Voici, aussi simples, aussi faciles, leurs descendants en ligne directe. De quoi régaler la famille en deux temps trois mouvements pour fort peu d'argent. Avec peut-être en prime le sentiment, rationnel ou pas, que ces soupes de légumes réveillent en nous la mémoire des nourritures ancestrales, et sont forcément de celles qui font du bien.

LA PANADE AUX HERBES POTAGÈRES À L'ANCIENNE

(recette pour 6)

Une variante chic et savoureuse autant que nutritive, préparée avec les légumes du jardin, de ces panades que réalisaient autrefois nos grands-mères afin de ne pas perdre une miette de pain, même rassis. Suivie d'une belle salade et d'un plateau de fromages, elle fait un solide repas complet.

Difficulté : **aucune.**
Temps de préparation :
1 h 1/2 en tout.

Matériel nécessaire :
Un fait-tout
Une grande casserole
Un hachoir
Un mixeur.

Marché :
2 poireaux
1 poignée de ciboulette
1 poignée de cerfeuil
4 belles feuilles de bette
200 g d'oseille
1 jaune d'œuf
25 cl de crème fraîche
1/2 citron
250 g de pain rassis
40 g de beurre.

Éplucher, laver et émincer tous les légumes. Faire fondre le beurre et les étuver dans ce beurre. Réserver.

Hacher le pain. Le mettre dans la grande casserole avec 2 litres d'eau. Laisser cuire une petite heure à feu doux.

Ensuite mixer ensemble les légumes et le pain. Ajouter la crème fraîche, saler, poivrer, faire cuire encore 10 minutes à feu doux.

Battre le jaune d'œuf avec le jus de citron. Au moment de servir, l'incorporer à la panade en fouettant. Décorer la panade de ciboulette et de cerfeuil hachés.

LA SOUPE À L'OSEILLE DU CANTONNIER ET SES BEIGNETS D'ESCARGOT

(recette pour 4)

Éplucher et hacher les oignons. Dans le beurre fondu, les faire revenir puis ajouter les orties, l'eau, le sel, le poivre, porter à ébullition et laisser mijoter 7 minutes. Mixer. Réserver jusqu'au moment de réchauffer et de servir.

Pour préparer les cromesquis, emplir une assiette de farine, une autre des trois œufs battus, et une troisième de chapelure. Bien égoutter et éponger les escargots sur un linge. Les passer un à un dans un hachis très très fin d'ail et de persil, puis dans la farine, dans l'œuf battu puis dans la chapelure, deux fois de suite. Les faire frire en les déposant un à un, bien séparés, dans de l'huile très chaude. Réserver au chaud, sur du papier absorbant, jusqu'au moment de passer à table.

Pendant la friture des beignets, délayer la Maïzena avec la crème, mélanger au potage, redonner un bouillon et servir bien chaud, à l'assiette ou en soupière, avec les beignets brûlants.

Une soupe à préparer au tout début du printemps : l'oseille du cantonnier, ce sont tout simplement les orties, à cueillir en jeunes pousses bien tendres. C'est une soupe « primitive », de celle que l'on aurait pu concocter lorsque l'on vivait de cueillette et de ramassage, mais à laquelle quelques innovations gourmandes donnent toutes les vertus d'un plat complet savoureux et original. L'idéal est de servir cette soupe à l'assiette, les beignets appelés aussi cromesquis disposés tout autour de l'assiette creuse sur une grande assiette plate assortie ou coordonnée.

Difficulté : **aucune.**
Temps de préparation : **30 min.**

Matériel nécessaire :
Un fait-tout
Un mixeur
Un hachoir
Une terrine
Une grande poêle
Des gants pour cueillir les orties.

Marché :
400 g de jeunes pousses d'orties
2 oignons
1 litre d'eau
Un peu de crème fraîche
2 cuillerées à soupe de Maïzena
25 g de beurre.
Pour les beignets d'escargot
Prévoir selon les appétits 6, 9 ou 12 escargots par personne
Prendre de préférence de gros Bourgogne au naturel
Plus de la farine
3 œufs
De la chapelure très fine
Un peu d'huile
1 gros bouquet de persil
1 tête d'ail.

LA SOUPE DE PISSENLITS ET SES TARTINES DE BROUILLADE AUX BOUTONS DE PISSENLITS

(recette pour 6)

Encore un mélange de sauvage et de raffiné, à préparer avec de jeunes pissenlits quand leurs fleurs sont encore en bouton. C'est le plat idéal quand le printemps est encore assez frais pour que l'on ait besoin d'une soupe chaude, et tout de même assez présent pour faire naître des envies de verdure. Pour les tartines, choisir un bon pain de campagne, ou le faire soi-même avec l'une des recettes des pages 136 à 139.

Difficulté : **moyenne.**
Temps de préparation : **1 h 30.**

Matériel nécessaire :
Un fait-tout
Une grande cocotte
Un hachoir
Une casserole à fond épais
Une passoire
Une poêle
Un fouet.

Marché :
3 douzaines de pieds de pissenlits
2 gousses d'ail
6 jaunes d'œufs
3 litres de bouillon de poule
(en cube ça va très bien)
Un peu d'huile.
Pour les tartines de brouillade
6 belles tranches de pain
300 g de boutons
de fleurs de pissenlits
1 oignon
8 œufs
Un peu de beurre.

Laver les pissenlits plusieurs fois à l'eau vinaigrée, les passer quelques minutes à l'eau bouillante, les égoutter et les hacher.

Dans la cocotte, avec un peu d'huile, faire dorer les deux gousses d'ail, ajouter les pissenlits, le bouillon, et laisser cuire 1 heure. On peut très bien préparer cette soupe à l'avance et la garder au frais jusqu'à l'heure du repas.

Au moment de servir, dans la soupe bien chaude, ajouter les jaunes d'œufs en mélangeant vivement, et rectifier l'assaisonnement.

Pour la brouillade, faire blanchir 1 minute les boutons de pissenlits dans de l'eau salée. Égoutter. Dans la poêle, faire fondre un peu de beurre, y faire suer l'oignon émincé, ajouter les boutons de pissenlits, remuer délicatement, éteindre le feu et réserver.

Battre très peu les œufs, les mettre dans une casserole sur feu doux, et battre constamment au fouet. Lorsque la préparation prend une consistance crémeuse, arrêter immédiatement la cuisson. Saler. Poivrer. Incorporer les boutons de pissenlits.

Répartir sur les tartines grillées et servir à côté de l'assiette de soupe.

LA GRATINÉE DE POTIRON ET SES CROQUETTES

(recette pour 6 à 8)

Couper le sommet du potiron. Le creuser pour récupérer la chair. Enlever pépins et filaments. Couper la chair en morceaux.

Éplucher, laver et émincer les blancs des poireaux, ainsi que l'oignon.

Dans le fait-tout, faire suer les poireaux et l'oignon avec un peu de beurre, ajouter le potiron, le lait, le bouillon, un peu de muscade râpée, du sel et du poivre. Laisser cuire en frémissant pendant 30 minutes.

Mixer, incorporer la crème fraîche. Disposer dans la terrine ou dans le potiron évidé. Parsemer des croûtons légèrement grillés dans un peu de beurre à la poêle antiadhésive. Recouvrir de fromage râpé. Enfourner à four chaud (en enveloppant le potiron-soupière, si on l'a choisi, de papier sulfurisé).
Faire gratiner un petit quart d'heure.

Pendant ce temps, découper le fromage de Beaufort en bâtonnets de 2 sur 6 cm environ. Mettre la farine dans une assiette, les œufs battus plus l'huile dans une deuxième et la chapelure dans une troisième.
Paner les bâtonnets dans l'ordre des ingrédients ci-dessus, les frire quelques minutes dans de l'huile à 160 °C, et les réserver au chaud sur du papier absorbant.

Servir soit le potiron-soupière et les croquettes dans un plat à part, soit en soupières individuelles sur une assiette plate avec les croquettes tout autour.

Voilà la soupe d'or qui donne envie d'être en automne. Elle fait grand effet et, accompagnée de croquettes de fromage dont nous livrons ici le secret, peut rassasier les appétits les plus aiguisés. On peut soit opter pour un service en petites soupières individuelles, comme sur notre photo, ou utiliser le potiron évidé comme soupière.

Difficulté : **aucune.**
Temps de préparation : **45 min.**

Matériel nécessaire :
Un fait-tout, une poêle antiadhésive, un mixeur, un récipient allant au four si l'on ne veut pas servir cette gratinée dans le potiron évidé. Si l'on opte pour le potiron-soupière, prévoir également du papier sulfurisé. Une friteuse.

Marché :
1 petit potiron de 3 ou 4 kg
1/2 litre de lait
1/2 litre de bouillon de volaille
20 cl de crème fraîche
2 poireaux
2 gousses d'ail
1 oignon
Un peu de beurre
Un peu de muscade râpée
Quelques croûtons
Du fromage râpé.
Pour les croquettes
300 g de fromage de Beaufort
50 g de farine
2 œufs
200 g de chapelure blanche
2 cl d'huile d'arachide.

LE POTAGE GERMINY AUX MOULES

(recette pour 4)

Potage Germiny est le nom élégant donné à la soupe à l'oseille. Un grand classique de la gastronomie des soupes renouvelé ici par un duo avec des moules qui en font un plat complet très subtil et original.

Difficulté : **aucune.**
Temps de préparation : **30 min.**

Matériel nécessaire :
Une casserole
Une sauteuse
Un fouet
Un chinois.

Marché :
800 g de moules
125 g d'oseille
20 g de beurre
3 dl de vin blanc
30 g d'échalotes
3 queues de persil
1 dl de crème fraîche
4 jaunes d'œufs
1/4 de litre de bouillon (à faire avec un cube)
Un peu de cerfeuil.

•

Gratter et bien laver les moules. Éplucher et hacher les échalotes. Les mettre dans la casserole avec le vin blanc, les queues de persil, du sel, du poivre et les moules. Cuire 5 minutes à couvert.

Dans la sauteuse, faire fondre le beurre. Ajouter l'oseille bien lavée, la faire cuire 5 minutes et la réduire en purée.

Décortiquer et réserver les moules en conservant leur jus de cuisson. Filtrer ce dernier au chinois, et ajouter assez d'eau pour obtenir 1 litre de liquide. Remettre dans la sauteuse avec la purée d'oseille et le bouillon-cube. Faire bouillir 3 minutes.

Mélanger les jaunes d'œufs à la crème fraîche, et ajouter au potage, qui ne doit plus bouillir, en remuant avec un fouet.

Ajouter les moules décortiquées, les pluches de cerfeuil, et servir très chaud.

LA SOUPE AU LAIT, ENDIVES ET CIBOULES

(recette pour 4)

Une soupe d'hiver qui garde toute la saveur des endives mais sans leur amertume. Elle s'accompagne de croûtons dorés et fera le plat de résistance d'un dîner où elle pourrait précéder une terrine et une salade, ou un grand plateau de fromages, avec par exemple le pain au lard et oignons doux ou le pain au cumin dont les recettes sont en pages 138-139.

Difficulté : **aucune.**
Temps de préparation : **45 min.**

Matériel nécessaire :
Un fait-tout
Un mixeur
Une poêle.

Marché :
500 g d'endives
1 grosse pomme de terre
4 ciboules
75 cl de lait
Sel
Poivre
Muscade
Un peu de beurre.

Débarrasser les endives de leur base dure, les éplucher, les laver et les couper en fines rondelles. Éplucher la pomme de terre et la détailler en petits dés.

Faire étuver les endives dans un peu de beurre, puis ajouter la pomme de terre et le lait bouillant, du sel, du poivre et une bonne pincée de muscade. Couvrir et laisser frémir 25 minutes, puis passer au mixeur. Réserver.

Éplucher les ciboules en conservant les tiges vertes. Les couper en tronçons et les faire étuver dans un peu de beurre chaud, pendant une dizaine de minutes, sans les faire colorer.

Remettre la soupe sur le feu, ajouter les ciboules et poursuivre la cuisson 5 minutes.

Servir avec des croûtons bien dorés.

LES RAVIGOTANTES

Ce sont les plus proches des soupes traditionnelles, nourricières du corps et du cœur. De celles que maternellement la maîtresse de maison, grande soupière fumante devant elle, servait à sa famille par louches généreuses. Toutes les recettes proposées ici ne sont pas pour autant paysannes ou classiques. Certaines même présentent un certain caractère de sophistication. Mais à base de légumes, de viande, de produits de la mer, d'œufs, complétées de leurs tartines particulières, toutes ont la même fonction : elles réjouissent le palais et ravigotent les fatigués de la fin du jour.

5

LA SOUPE DE POIS CASSÉS ET SES ATTRIAUX

(recette pour 5 ou 6)

Un grand classique, la soupe de pois cassés. Mais elle est proposée ici en duo avec les attriaux, des crépinettes d'abats de porc, spécialité de la Haute-Savoie, et plus particulièrement de la région de Thonon. Ils ont même leur fête à la foire de Thonon, chaque année, le premier jeudi de septembre.

Difficulté : **aucune pour la soupe, moyenne pour les attriaux.**
Temps de préparation : **1 h 45 pour la soupe. 45 min pour les attriaux à préparer pendant que la soupe cuit.**

Matériel nécessaire : **un fait-tout, une passoire, un moulin à légumes grille fine. Pour les attriaux : un hachoir, une jatte, une poêle.**

Marché :
Pour la soupe : **500 g de pois cassés. 1 carotte. 1 branche de céleri. 1 oignon. 2 gousses d'ail. 3 cuillerées à soupe de fond de volaille (tout prêt). 1 bouquet garni. 20 cl de crème fraîche. Un peu de beurre.**
Pour les attriaux : **environ 750 g de viande de porc hachée à raison de 150 g de cœur, 150 g de rognon, 225 g de gorge et 225 g de foie. 1 grande crépine de porc. 1 oignon. 1 gousse d'ail. 1 échalote. Sel. Poivre. Noix de muscade râpée. 1 pointe de quatre épices. Persil et cerfeuil. 1 œuf entier. 1 cuillerée à soupe de moutarde. 1 giclée d'eau-de-vie ou de marc de Savoie.**

La soupe

En principe, les pois cassés n'ont plus besoin de tremper. Les laver simplement plusieurs fois à l'eau froide.

Éplucher et couper la carotte en petits dés, ciseler le céleri, hacher l'oignon, et les faire suer dans un peu de beurre. Ensuite, mouiller avec 1,5 litre d'eau, ajouter les pois cassés, la gousse d'ail, le bouquet garni, le fond de bouillon de volaille, saler, poivrer, et laisser cuire doucement 1 heure. Passer au moulin à légumes grille fine.

Au moment de servir, réchauffer si nécessaire, ajouter la crème, diluer éventuellement si la soupe est trop épaisse avec un peu de bouillon.

Les attriaux

Hacher tous les abats et malaxer avec les épices, l'œuf, la farine, l'oignon, l'ail et l'échalote hachés fin, le persil et le cerfeuil émincés, et le trait d'alcool.

Laver la crépine à l'eau tiède, puis à l'eau froide additionnée d'un peu de vinaigre. L'égoutter, l'éponger et la découper en carrés d'environ 10 cm de côté.

Former de petites boulettes de hachis. Envelopper chacune de son carré de crépine. Aplatir avec la paume de la main. Faire cuire et dorer une dizaine de minutes environ à la poêle, sur feu doux.

Servir avec la soupe de pois cassés, des tartines de pain et de la moutarde.

(recette pour 4)

Les amateurs de soupe aux légumes secs pourront aussi se régaler avec la CRÈME DE LENTILLES VERTES DU PUY ET GROS LARDONS DE SABODET.
Cette recette est une spécialité d'un vrai grand chef, Christian Tetedoie, restaurateur à Lyon.

Bien laver les lentilles et les faire tremper pendant 3 heures.

1 heure avant la fin du trempage des lentilles, cuire dans 2 litres d'eau la carotte, l'oignon piqué des clous de girofle, le bouquet garni et l'ail.

Au bout de cette heure de cuisson, mettre les lentilles et cuire 20 minutes. Puis ajouter la crème fleurette, assaisonner, remettre à cuire 20 minutes supplémentaires, retirer les légumes de garniture et mixer les lentilles avec leur bouillon.

Pendant ce temps, cuire le sabodet à l'eau pendant environ 25 minutes, le tailler en gros lardons que l'on fera rissoler à la poêle.

Servir la crème de lentilles bien mousseuse, en disposant dessus les gros lardons et en décorant d'un cordon de crème épaisse et de quelques pluches de cerfeuil.

Difficulté : aucune.
Temps de préparation :
50 min plus 3 h de trempage pour les lentilles.

Matériel nécessaire :
Un fait-tout
Une poêle
Un mixeur.

Marché :
250 g de lentilles
1 carotte
1 oignon
2 clous de girofle
1 bouquet garni
4 gousses d'ail
2,5 dl de crème fleurette
2 cuillerées de crème épaisse
1 sabodet (saucisson de tête de cochon spécialité de Condrieu).

LA SOUPE DE POULE ET SES BOULETTES

(recette pour 6)

Encore une soupe avec légumes et protéines qui, à elle seule, fait un repas complet et totalement original. Sa préparation demande un peu de soin, mais si l'on reçoit une grande tablée de convives aux estomacs un peu creux, leur plaisir justifiera le petit effort de sa préparation.

Difficulté : **moyenne.**
Temps de préparation : **3 h, cuisson comprise.**

Matériel nécessaire :
Une marmite
Un hachoir à grille fine
Plusieurs jattes
Une casserole.

Marché :
Pour le bouillon : **1 poule. 1 os de veau. 6 poireaux. 3 grosses carottes. 3 côtes de bettes. 1 petit rutabaga. 2 branches de céleri. 1 oignon piqué d'un clou de girofle. 1 gousse d'ail. 1 bouquet garni. Sel. Poivre. 1 pincée de quatre épices.**
Pour les boulettes : **1 cervelle de veau. 150 g de noix de veau. Les blancs de la poule lorsqu'elle sera cuite. 1 grosse cuillerée à soupe de persil haché. 1 tasse à thé de mie de pain très rassis. 3 cuillerées à soupe de lait. 2 cuillerées à soupe de farine. 1 jaune d'œuf.**

Mettre la cervelle à tremper dans de l'eau froide additionnée de 2 cuillerées à soupe de vinaigre.

La poule étant vidée et flambée, la mettre dans le fait-tout, la couvrir de 4 litres d'eau froide de telle sorte qu'elle soit bien recouverte. Ajouter l'os de veau, le céleri, le bouquet garni, l'oignon piqué d'un clou de girofle, la gousse d'ail écrasée et porter doucement à ébullition.

Pendant ce temps, éplucher, laver tous les légumes. Tailler en bâtonnets le céleri débarrassé de ses fils, tandis que les poireaux seront liés en botte et les autres légumes coupés en morceaux. Lorsque le bouillon bout, écumer, relancer l'ébullition et ajouter les légumes, du sel, du poivre et le quatre épices. Compter environ 1 heure 30 pour arriver à cuisson complète de la poule.

Passer à la confection des boulettes. Égoutter la cervelle puis la laver, enlever le sang qui a pu subsister, la débarrasser de la peau qui la couvre. La mettre dans une petite casserole d'eau avec persil et jus de citron. La pocher 15 minutes à petit feu, puis la passer à l'eau froide et l'égoutter de nouveau.

Sur la poule cuite, prélever les blancs et remettre le reste dans la marmite avec les légumes, en maintenant au chaud à petit feu.

Passer la cervelle, la noix de veau et les blancs de poule au hachoir à grille fine. Dans une terrine, y ajouter le persil, l'œuf et la farine. Humecter la mie de pain avec le lait, bien la presser pour l'essorer, l'émietter menu dans le hachis et bien malaxer le tout pour obtenir une pâte assez consistante. En cas de besoin, ajouter un peu de farine. Prélever environ 2 litres de bouillon. Les mettre dans une casserole. Porter à frémissement et, à l'aide de deux cuillères, façonner la farce en boulettes de la grosseur d'une noix que l'on fera pocher 10 minutes dans le bouillon avant de les égoutter et de les tenir au chaud.

Délayer le jaune d'œuf avec une louche de bouillon. Reverser dans le bouillon. Remuer, sur feu très doux, en évitant l'ébullition.

Disposer les boulettes dans la soupière, couvrir de bouillon bien chaud et servir en proposant à part le reste de la poule découpé et tous les légumes.

Variante de cette soupe aux boulettes :
LA SOUPE AUX KRASSENS, spécialité de Belle-Île.
Il s'agit là de sortes de quenelles de pâte.

Marché :
En plus des ingrédients et du matériel nécessaire au bouillon de poule prévoir :
500 g de farine
6 œufs
12 g de levure de boulanger
Sel et poivre

Préparer le bouillon de poule comme dans la recette précédente.

Dans une terrine, verser la farine, creuser un puits, y casser les œufs, saler, poivrer, malaxer.
Délayer la levure dans une cuillerée à soupe d'eau tiède.
L'ajouter à la pâte et laisser reposer 2 heures pendant que cuit la poule.

Prélever suffisamment de bouillon pour emplir une casserole. À l'aide d'une cuillère à soupe, façonner des boules de pâte et les faire cuire 20 minutes dans ce bouillon.

Hors du feu, délayer un jaune d'œuf avec une louche de bouillon. Remuer sur feu doux, surtout sans faire bouillir, puis ajouter au bouillon de cuisson.

Servir ce bouillon avec la poule découpée, les légumes et les krassens.

LA MITONNÉE DE CÈPES ET SES TARTINES DE GÉSIERS CONFITS

(recette pour 4)

Éviter de laver les cèpes. Mieux vaut les passer rapidement sous l'eau après les avoir, si nécessaire, délicatement brossés.

Dans le fait-tout, faire fondre le beurre, ajouter deux échalotes hachées, les faire suer 2 ou 3 minutes. Mettre les champignons en morceaux, la feuille de laurier, laisser mijoter 10 minutes à couvert, couvrir de 75 cl d'eau et continuer la cuisson une dizaine de minutes supplémentaires.

Incorporer la crème fleurette au bouillon, mixer le tout et conserver au chaud après avoir rectifié l'assaisonnement.

Passer les gésiers au mixeur, avec leur graisse, de façon à obtenir une sorte de crème épaisse. En tartiner les tranches de pain grillées et parsemer d'échalote crue finement hachée.

Quand les cèpes sont cueillis, il faut s'en régaler. Donc, par quelque belle journée d'automne, vous prendrez votre panier et vous partirez d'un pied tranquille vers les sous-bois. Et de ces cèpes magnifiques, vous préparerez cette mitonnée goûteuse, que vous accompagnerez, pour lui donner une note sentant bon son Sud-Ouest, de tartines de gésiers confits. Si vous ne cueillez pas vous-même les cèpes et les achetez, bien frais et fermes, sur le marché, la mitonnée n'en sera pas moins bonne mais vous aurez moins faim.

Difficulté : **aucune.**
Temps de préparation : **30 min.**

Matériel nécessaire :
Un fait-tout
Un mixeur
Une poêle.

Marché :
1 kg de cèpes
6 à 8 échalotes
50 g de beurre
25 cl de crème fleurette
1 feuille de laurier
De 4 à 8 gésiers confits selon les appétits prévisibles
Du bon pain où tailler de belles tartines.

LA SOUPE DE QUEUE DE BŒUF AU BOULGHOUR

(recette pour 4)

Le moins onéreux et le plus complet des plats complets puisqu'il réunit viande, légumes et céréales. En outre, s'il s'appuie sur une tradition paysanne bien de chez nous, il emprunte aussi un peu à la cuisine africaine et ce métissage bon enfant lui donne une saveur originale. Quelle que soit la voracité de vos convives, il y a peu à parier qu'ils aient encore faim quand ils auront vidé leurs assiettes.

Difficulté : **aucune.**
Temps de préparation : **environ 3 h, cuisson comprise.**

Matériel nécessaire :
Une marmite
De la ficelle de cuisine
Une écumoire
Un chinois
Une passoire.

Marché :
1 queue de bœuf en tronçons
2 tomates
2 navets
2 poireaux
3 carottes
1 tête d'ail nouveau
1 branche de céleri
1 bouquet garni
1/2 cuillerée à café de piment en poudre
200 g de boulghour.

Ficeler les tronçons de queue de bœuf en fagot. Les plonger, avec le bouquet garni, dans une marmite d'eau froide. À feu vif, porter à ébullition puis réduire la chaleur et laisser frémir pendant 1 heure 1/4. En cours de route, le bouillon doit être écumé plusieurs fois.

Éplucher et tronçonner tous les légumes, la branche de céleri en petits bouquets, les tomates pelées en quartiers. Débarrasser la tête d'ail nouveau de sa grosse peau, mais sans séparer ni éplucher les gousses. Mettre le tout dans le bouillon avec le piment et saler. Continuer la cuisson à petit feu pendant 45 minutes.

Verser le boulghour dans une passoire et le rincer soigneusement sous l'eau froide.

À l'écumoire, retirer la viande et les légumes cuits de la marmite. Filtrer le bouillon. Le remettre dans la marmite, porter de nouveau à ébullition, y jeter le boulghour en pluie, couvrir et laisser cuire 20 minutes à tout petit feu.

Au bout de ce temps, ajouter la viande et les légumes, réchauffer 5 minutes et servir aussitôt.

On peut servir cette soupe telle quelle, ou proposer le bouillon au boulghour dans une soupière, la viande et les légumes à côté dans un plat.

LA SOUPE AU CHOU ET SES PETITS FARCIS

(recette pour 6)

Laver le chou. Prélever les plus belles feuilles pour empaqueter les farcis. Découper le cœur en lanières et les plonger 2 minutes dans l'eau bouillante salée. Rincer sous l'eau froide, éponger avec du papier absorbant.

Peler et couper en petits morceaux carottes et pommes de terre. Éplucher et laver les poireaux, ne prendre que les blancs, les tronçonner.

Dans un peu de graisse du confit, faire rissoler 1 oignon, 2 échalotes et 2 gousses d'ail finement hachées. Ajouter alors 1,5 litre d'eau bouillante, tous les légumes, le bouquet garni et le deuxième oignon piqué du clou de girofle. Faire cuire 30 minutes.

Pendant ce temps, passer aux farcis.

Plonger les feuilles de chou mises de côté dans une casserole d'eau salée et bouillante pendant 4 minutes. Égoutter, passer sous l'eau froide, éponger soigneusement avec un torchon. Les étaler sur une planche et les couper en deux en retirant la grosse côte centrale.

Pour la farce, peler 1 oignon, les échalotes, 2 gousses d'ail, et les hacher ainsi que le persil. Faire étuver dans un peu de graisse.

Retirer la peau de l'aile de canard confite, et la hacher en petites lamelles. Idem pour les gésiers. Ajouter le hachis de persil-oignon-échalotes-ail, saler, poivrer et bien malaxer.

Disposer sur chaque demi-feuille de chou une cuillerée de farce. Replier pour obtenir un petit paquet maintenu fermé avec de la ficelle de cuisine.

Ou comment, avec des farcis de confit, faire de la sympathique et rustique soupe au chou de nos campagnes un somptueux plat complet du dimanche. Il faut un peu de temps pour le réaliser, mais vous trouverez sûrement des marmitons ou marmitonnes prêts à vous aider pour empaqueter les petits farcis dans leurs feuilles vertes. En outre, ce plat pouvant parfaitement bien se réchauffer au dernier moment, rien n'oblige à se stresser. Il suffit de le préparer à l'avance.

Difficulté : **à peine moyenne.**
Temps de préparation :
1 bonne heure.

Matériel nécessaire :
Un grand fait-tout
Une casserole
Un hachoir
De la ficelle de cuisine.

Marché :
1 beau chou vert. 500 g de carottes. 500 g de pommes de terre. 2 gros poireaux. 2 oignons. 2 échalotes. 2 gousses d'ail. 1 clou de girofle. 1 bouquet garni. Sel. Poivre. Un peu de graisse d'oie ou de canard prélevé sur le confit des farcis.
Pour les farcis :
250 g de gésiers confits d'oie ou de canard. 1 aile de confit de canard. 2 échalotes. 2 gousses d'ail. 1 petit oignon. 1 petit bouquet de persil plat. Sel et poivre.

Lorsque la soupe a bouilli 30 minutes, y plonger les farcis. Couvrir et laisser cuire 15 minutes à très petit feu.

Au moment de servir, saupoudrer les farcis d'un hachis de persil et les accompagner de tranches grillées de pain de campagne ou, par exemple, au lard et oignons fait à la maison (recettes pages 136 et 138).

●

(recette pour 4)

LA SOUPE À LA CHOUCROUTE, spécialité de Belle-Île.

Dans la passoire, rincer la choucroute sous l'eau courante. L'égoutter. Faire fondre le beurre dans le fait-tout, étuver la choucroute puis ajouter les pommes de terre lavées et râpées sur une grosse grille, l'oignon haché, le boudin coupé en dés, le genièvre et le poivre.

Verser le bouillon de volaille et laisser mijoter doucement pendant environ 1 h 45.

Servir avec du pain, par exemple le pain au lard et oignons doux ou le pain au cumin (recettes pages 138-139), passé au four pour qu'il soit bien croustillant.

Pour les amateurs de soupe au chou, une version typiquement alsacienne, le plat préféré du docteur Schweitzer.

Difficulté : aucune.
Temps de préparation :
2 h au maximum.

Matériel nécessaire :
Une passoire
Un fait-tout
Une râpe.

Marché :
400 g de choucroute crue
2 belles pommes de terre
1 oignon
4 tranches de boudin de langue d'Alsace
40 g de beurre
1,5 litre de bouillon de volaille
8 grains de genièvre
8 grains de poivre.

ET POUR UN REPAS IMPROVISÉ, DEUX RECETTES À MALICE

Il peut arriver que des convives débarquent à l'improviste. Voilà deux recettes express qui ont bon goût et belle apparence.

(recette pour 6)

INVENTIVE : LA SOUPE AU CRABE ET SES ŒUFS POCHÉS

En un tournemain, éplucher et laver les poireaux, peler et épépiner les tomates, peler l'ail et l'oignon.
Faire blondir ces légumes à l'huile, ajouter 2 litres d'eau, thym, laurier, sel, poivre, safran, et cuire de 10 à 15 minutes dans l'autocuiseur, ou de 30 à 40 minutes dans un fait-tout classique.
Pendant ce temps, égoutter le crabe, enlever les cartilages, diviser la chair en petits filets puis les mettre dans le bouillon avec les légumes bien cuits et garder au chaud.
Tailler de petits canapés de pain (ou en prendre de tout prêts).
Pocher les œufs à l'eau bouillante vinaigrée et en même temps faire griller le pain.
Servir le bouillon safrané en soupière et les œufs pochés sur les canapés dans des assiettes bien chaudes.

LA SOUPE AU CRABE ET SES ŒUFS POCHÉS

Difficulté : **aucune.**
Temps de préparation : **25 min si vous avez un autocuiseur.**

Matériel nécessaire :
Un autocuiseur. Une grande casserole. Une soupière. Une assiette creuse par convive

Marché :
8 blancs de poireaux. 1 oignon. 1 gousse d'ail. 2 tomates. 6 œufs. 4 à 5 cuillerées d'huile. Du thym. Du laurier. 1 petit tube de 3 g de safran. 1 boîte de crabe russe style Chatka. Sel. Poivre.

(recette pour 6)

DÉPAYSANTE : LA SOUPE À L'INDIENNE ET SA GARNITURE SUCRÉE-SALÉE

Préparer la crème au curry en suivant strictement le mode d'emploi. Au moment de passer à table, ajouter la crème et un peu de curry, selon son goût.
Servir cette crème très chaude avec l'ananas coupé en petits cubes, les pommes épluchées, détaillées en dés et arrosées de jus de citron, la noix de coco râpée, les amandes grillées, les raisins de Smyrne et des dés de blancs de poulet.

LA SOUPE À L'INDIENNE ET SA GARNITURE SUCRÉE-SALÉE

Difficulté : **aucune.**
Temps de préparation : **15 min.**

Matériel nécessaire :
Une casserole.

Marché :
2 sachets de crème au curry Knorr. 100 g de crème fraîche. Du curry en poudre. 1/2 boîte d'ananas. 2 grosses pommes Golden. 1 citron. 100 g de noix de coco râpée. 100 g d'amandes mondées. 250 g de raisins de Smyrne. 300 g de blancs de poulet cuits.

DU GOÛTER AU DESSERT

De même qu'un bon repas serait incomplet s'il ne s'achevait pas dans les délices du dessert, il manquerait quelque chose à notre célébration des soupes si les préparations sucrées en étaient absentes. En voici donc quelques-unes, aussi délicieuses que faciles à réaliser, la plupart à base de fruits, quelques-unes au chocolat, pour la mauvaise saison et pour les chocolatophiles. Autant qu'un dessert, avec cakes, madeleines et autres petits gâteaux, elles peuvent réunir des convives autour d'un fastueux goûter. Elles sont aussi tout indiquées si, adoptant une intelligente coutume de l'Europe du Nord ou des pays anglo-saxons, on remplace la classique invitation à dîner par une invitation à… souper après le repas du soir. Toutes ont enfin le mérite de se préparer assez longtemps à l'avance.

6

SOUPE DE POMMES EN CHABROT

(recette pour 4)

Son originalité : les pommes sont détaillées en billes pas plus grosses que des cerises. Sa subtilité : le mélange des arômes du vin, de la cannelle et de la vanille. Sa présentation : coupe de verre et pour l'effet irisé, une « nappe » qui n'est qu'une étoffe de quatre sous, mais brillante et transparente, posée sur un fond uni qui peut très bien être en toile cirée ou en non tissé.

Difficulté : **aucune.**
Temps de préparation : **20 min mais une dizaine d'heures à l'avance.**

Matériel nécessaire :
Une casserole plutôt large et plate à fond épais
Une cuillère à pommes parisienne pour détailler les billes.

Marché :
1 kg de pommes, maygold ou reinettes de préférence, mais qui en tout cas ne se défassent pas à la cuisson
1/2 litre de vin rouge
250 g de sucre
1 bâton de cannelle
1 gousse de vanille fendue.

Dans la casserole, mettre à feu vif, pendant une dizaine de minutes, le vin, le sucre, la cannelle et la vanille.

Peler les pommes puis les détailler en billes à l'aide de la plus grosse extrémité de la cuillère « parisienne ».

Jeter ces billes dans le vin rouge en évitant qu'elles se chevauchent, d'où la nécessité d'une casserole d'assez grand diamètre.

Laisser pocher dans le liquide frémissant pendant 5 à 7 minutes : les pommes doivent être cuites mais rester bien fermes.

Retirer la préparation du feu et laisser macérer une dizaine d'heures en remuant délicatement de temps en temps, jusqu'à ce que les pommes prennent une belle couleur rouge.

Cette soupe est encore plus délicieuse en compagnie d'une boule de glace à la vanille.

LA SOUPE GLACÉE DE PÊCHES AU JUS DE GROSEILLE

(recette pour 4)

Faire un sirop avec l'eau et le sucre et le laisser refroidir.

Égrapper les groseilles, les passer au moulin à légumes grille fine, arroser le jus recueilli avec le sirop additionné du jus du citron.

Peler les pêches, les découper en quartiers. Les disposer dans un joli saladier, ajouter le jus de groseille, orner des feuilles de menthe et mettre au réfrigérateur jusqu'au moment de servir.

Contrairement à la Soupe de pommes en chabrot de la page 114, elle ne peut évidemment se préparer qu'à la belle saison, avec des fruits frais et bien mûrs. Mais les deux en duo, quel festin gourmand !

Difficulté : aucune.
Temps de préparation :
30 min maximum.
Plus 1 h minimum
au réfrigérateur.

Matériel nécessaire :
Une grande casserole
Un moulin à légumes
Un saladier.

Marché :
6 grosses pêches blanches
300 g de groseilles
1 citron
200 g de sucre
1/4 de litre d'eau
Quelques feuilles de menthe

SOUPE DE RHUBARBE, FRAISES ET MENTHE

(recette pour 4)

Faire un sirop avec l'eau, le sucre, la vanille fendue, la cannelle et la menthe, en réservant quelques feuilles de cette dernière.

Éplucher la rhubarbe et la détailler en dés d'environ 2 cm. Plonger ces dés dans le sirop bouillant, redonner un bouillon et éteindre aussitôt : la rhubarbe doit rester un peu ferme, sans se défaire. Transvaser dans un saladier et laisser infuser et refroidir.

Enfin, ajouter les fraises. Au moment de servir, retirer le bouquet de menthe ayant servi à la cuisson et décorer de quelques feuilles fraîches ciselées.

Rhubarbe et fraises font une association d'une grande finesse gustative. À la si courte mais si grande saison de la rhubarbe, ne ratez pas cet accord parfait. Et notez comme la poterie émaillée verte lui va bien au teint.

Difficulté : **aucune.**
Temps de préparation : **30 min.**

Matériel nécessaire :
Une casserole
Un saladier.

Marché :
1,5 kg de rhubarbe
400 g de fraises
400 g de sucre
2 l d'eau
1 gousse de vanille
1 bâton de cannelle
1 botte de menthe.

LA SOUPE AU LAIT D'AMANDES ET AUX FRAISES

(recette pour 4)

•

Préparer le lait d'amandes en portant à ébullition le lait et tous les ingrédients sauf les fraises.

Laisser infuser 15 minutes, passer au chinois en pilant bien, laisser refroidir.

Ajouter les fraises et mettre au réfrigérateur pour servir cette soupe bien glacée.

Amandes et fraises, encore une association idéale. Si vous la servez à un goûter d'enfants, ce sera pour vous le triomphe assuré. Alors, voyez grand !

Difficulté : **aucune.**
Temps de préparation : **25 min.**

Matériel nécessaire :
Une casserole
Un chinois
Un pilon
Le compotier ou le saladier de service.

Marché :
500 g de fraises
40 cl de lait
50 g d'amandes en poudre
1 gousse de vanille
100 g de sucre
4 cuillerées à soupe de marasquin.

SOUPE DE CERISES AU VIN ROUGE AROMATISÉ

(recette pour 6 à 8)

Dénoyauter les cerises.

Mettre le vin et les zestes dans une casserole, laisser réduire de moitié puis ajouter le sucre, le thé, le porto, les cerises et faire bouillir 5 minutes.

Enlever les cerises et les sachets de thé, ajouter le poivre, les bâtons de réglisse, lier avec la fécule délayée dans 3 cuillerées à soupe d'eau, faire de nouveau bouillir 5 minutes. Laisser refroidir.

Ajouter les cerises et servir bien frais.

Avec cette soupe, le temps des cerises prend une saveur nouvelle : le thé et la réglisse lui apportent leur note insolite. Petit jeu : demander aux convives de deviner quels sont ces arômes. Côté décor, ce plat original est servi ici dans un récipient insolite : un pot à fleurs en verre bouché avec un peu de silicone.

Difficulté : **très moyenne.**
Temps de préparation : **30 min.**

Matériel nécessaire :
Une grande casserole
Un dénoyauteur.

Marché :
2 kg de cerises
3 l de vin rouge
0,5 l de porto
500 g de sucre
1 cuillerée à soupe de fécule
1 zeste d'orange râpé
1 zeste de citron râpé
2 sachets de thé bien parfumé, style Earl Grey
20 g de poivre noir
80 g de réglisse en bâtons.

VELOUTÉ DE CHOCOLAT AUX ÎLES FLOTTANTES

(recette pour 6)

Un dessert d'hiver, un goûter de jour de Noël, et un moment d'intense satisfaction pour ceux qui ont à la fois la passion du chocolat et la nostalgie des îles flottantes de leurs grands-mères.

Difficulté : **raisonnable.**
Temps de préparation : **45 min.**

Matériel nécessaire :
Autant de petits moules en Pyrex que de convives
Un batteur
Une grande casserole
Deux terrines.

Marché :
12 œufs
400 g de sucre semoule
300 g de chocolat noir
1 gousse de vanille fendue
1 tasse à moka d'extrait de café.

Préparer d'abord les îles neigeuses qui viendront « flotter » sur le velouté de chocolat. Pour cela, séparer les blancs des jaunes d'œufs. Réserver les jaunes.

Dans une terrine, battre les blancs en neige et ajouter petit à petit 300 g de sucre, jusqu'à obtenir une neige bien ferme.

Beurrer les petits moules en Pyrex. Emplir chacun de blancs d'œufs battus. Cuire quelques minutes à four chaud. Pour vérifier la cuisson, porter un doigt délicat sur les blancs d'œufs : s'ils ne collent pas, les « îles » sont prêtes.

Pour le velouté de chocolat, dans une casserole, faire bouillir le lait avec la gousse de vanille fendue. Mettre alors le chocolat en petits morceaux. Remuer.

Battre les jaunes d'œufs avec les 100 g de sucre restant, jusqu'à ce qu'ils blanchissent.
Les mettre dans une seconde casserole, ajouter petit à petit, toujours en remuant, le lait chocolaté, et laisser cuire sans cesser de remuer, comme pour une crème anglaise.

Au dernier moment, verser la tasse d'extrait de café.

Mettre ce velouté dans le plat de service, faire flotter les îles meringuées et servir… si l'on veut en dansant.

MINESTRONE DE FRUITS FRAIS

(recette pour 6)

On ne peut vraiment rêver plus frais, ni plus simple, ni plus appétissant à voir. C'est tout l'été dans un compotier.

Difficulté : **aucune.**
Temps de préparation : **1 h.**

Matériel nécessaire :
Une casserole
Une passoire.

Marché :
1 banane
3 abricots
1 pêche blanche
1 mangue
1 kiwi
8 ou 10 fraises
1/2 papaye (cette liste n'a rien d'impératif, et l'on peut, selon la saison, remplacer certains fruits par d'autres : l'important c'est le mélange)
400 g d'eau
70 g de sucre semoule
1 zeste de citron vert
1 gousse de vanille fendue
6 feuilles de basilic
400 g de jus d'abricot.

Préparer d'abord un sirop en faisant bouillir l'eau, le sucre, le zeste de citron vert, la gousse de vanille dont on aura gratté les graines dans la préparation et les feuilles de basilic.

Après ébullition, retirer la casserole du feu et laisser infuser 30 minutes. Filtrer, ajouter le jus d'abricot et réserver au frais.

Éplucher et découper tous les fruits en petits cubes d'environ 1/2 cm. Verser le sirop à l'abricot dans le plat de service. Ajouter les cubes de fruits. Décorer de quelques feuilles de basilic ciselées et, si l'occasion s'en présente, de quelques petites fraises des bois.

Servir bien frais, idéalement avec une boule de sorbet au citron vert.

SOUPE AU CHOCOLAT ET À L'ANANAS

(recette pour 6)

•

La fève magique du cacao et le juteux ananas nous sont tous les deux venus des Tropiques. Mariez-les, vous verrez comme ils vont bien ensemble, et comme leur duo se prête à une présentation amusante.

Difficulté : **aucune.**
Temps de préparation : **30 min et une nuit.**

Matériel nécessaire :
Une casserole
Une terrine.

Marché :
3 tablettes de chocolat lacté pâtissier
400 g de lait chaud
200 g de lait froid
1 ananas bien mûr
0,5 l d'eau
150 g de sucre
2 étoiles de badiane
Pour les croûtons, une génoise ou un quatre-quarts découpé en petits cubes.

Concasser le chocolat et verser dessus le lait chaud. Dès que l'on obtient une texture brillante, ajouter le lait froid et mettre au frais toute une nuit ou un peu plus.

Éplucher l'ananas et le détailler en petites tranches.

Préparer un sirop avec l'eau, le sucre et la badiane. Verser ce sirop bouillant sur l'ananas, et de nouveau laisser également mariner toute la nuit au froid.

Au moment de servir, déposer sur une plaque les croûtons découpés dans le gâteau. Les saupoudrer de sucre glace et les passer au gril pour qu'ils soient croustillants et dorés.

Égoutter parfaitement les tranches d'ananas, les répartir dans de petits bols ou coupelles, couvrir avec la sauce au chocolat et déposer les croûtons chauds.

LA SOUPE DE FRUITS EXOTIQUES

(recette pour 6 à 8)

C'est du soleil pour les jours froids. Des couleurs pour sortir du gris. Du dépaysement pour les palais fatigués. Et un dessert léger pour terminer sur un air de reggae un repas un peu riche.

Difficulté : **aucune.**
Temps de préparation : **30 min plus quelques heures au réfrigérateur.**

Matériel nécessaire :
Une casserole
Un chinois
Un récipient de service.

Marché :
1 mangue
12 fruits de la Passion
8 kiwis
1 ananas
1 cuillerée à soupe de menthe hachée
1 litre d'eau
150 g de sucre
1 clou de girofle
1/2 cuillerée à café d'épices chinoises
Le zeste de 2 citrons verts
1 gousse 1/2 de vanille coupée en deux
1 pied 1/2 de citronnelle fraîche grossièrement hachée
1 cuillerée à café de gingembre frais haché
3 grains de coriandre
Le zeste d'un citron jaune
1 branche de menthe fraîche.

Préparer un sirop avec l'eau, le sucre et toutes les épices. Bien mélanger, porter à ébullition, retirer du feu puis laisser infuser et refroidir.

Éplucher tous les fruits, les découper en dés, les kiwis en tranches, et mettre à part les fruits de la Passion.

Lorsque le sirop est refroidi, le filtrer au chinois, le transvaser dans le récipient de service avec les fruits préparés, couper les fruits de la Passion et les ajouter.

Mettre quelques heures au réfrigérateur. Ajouter la menthe fraîche hachée au moment de servir.

SOUPE AU MUSCAT DE BEAUME DE VENISE ET FIGUES CONFITES

●

(recette pour 6)

Verser le muscat dans la sauteuse. Ajouter le miel, le fenouil en graines et en branche. Porter à ébullition.

Laver et sécher les figues. Les piquer avec une aiguille. Les jeter dans le muscat et laisser compoter 20 minutes à feu doux.

Sortir les figues et les égoutter. Faire réduire la cuisson de moitié, puis, hors du feu, remettre les figues.

Laisser refroidir et mettre au réfrigérateur pour au moins la nuit.

À base d'alcool, c'est une soupe réservée aux adultes. Il y a toutes les chances pour qu'elle leur donne cette gaîté qui achève les fins de journée dans une jolie bulle de légèreté.

Difficulté : **aucune.**
Temps de préparation : **1 h, mais la veille de la dégustation.**

Matériel nécessaire :
Une sauteuse
Une passoire
Le compotier de service

Marché :
1 kg de figues vertes fraîches
200 g de miel
10 g de fenouil en graines
10 g de fenouil en branche
1 bouteille de muscat de Beaume de Venise.

LE PAIN ET LES HUILES

Avec le pain, on trempe la soupe. Ou on accompagne cette dernière de savoureuses tartines. Avec les huiles parfumées, on ajoute un trait d'esprit au potage. Pour que cet ouvrage soit complet, Léni Chevasson, la bonne aubergiste de l'hôtel-restaurant *Le Tilleul* à Générargues, dans les Cévennes, nous a donné ses recettes de pains et Michel Bras, le grand chef de Laguiole, le secret de ses huiles parfumées.

LES PAINS QUI VONT AVEC

(recette pour 1 kg)

Pour accompagner ces soupes, ces potages, rien de tel que des tartines nature ou grillées, des tranches de cakes conçus pour s'accorder aux mets salés. Léni Chevasson, la bonne aubergiste de l'hôtel-restaurant *Le Tilleul* à Générargues, dans les Cévennes, ne sert que des pains pétris et cuits de ses mains. Ils sont exceptionnels. Pour vos dîners de soupes, elle a encore enrichi leur gamme.

LE PAIN DE CAMPAGNE

Difficulté : moyenne.
Temps de préparation : environ 3 h, en comptant le temps de laisser lever la pâte et la cuisson.

Matériel nécessaire :
Deux terrines, dont une bien grande
Une tôle à gâteau et un morceau de toile cirée de même taille
Une longue spatule métallique ou en matière plastique
Un grand morceau de mousseline
Une planche à pâtisser.

Marché :
Pour un beau pain d'environ 1 kg
1 kg de farine type 55. On peut au choix mélanger farine blanche et farine complète.
75 cl d'eau (une bouteille de vin fait une bonne mesure)
8 à 10 g de sel
35 g de levure de boulanger ou une cuillerée à soupe de levure lyophilisée.

LE PAIN DE CAMPAGNE

Mettre la farine dans la plus petite terrine, le sel, et en une seule fois l'eau tiédie à environ 38 °C, puis la levure délayée dans un peu d'eau tiède. Pétrir, à la main ou à la spatule, mais sans excès : il faut juste que l'eau soit bien incorporée à la farine.

Installer la pâte dans la grande terrine, la couvrir avec la tôle ou la toile cirée : il faut une atmosphère tiède et moite, et la toile cirée conserve bien l'humidité. Au bout d'1 heure 30 à 2 heures, la levure ayant accompli son œuvre, la pâte aura doublé ou triplé de volume.

Récupérer la toile cirée, la laver, la sécher, en couvrir la planche à pâtisser, la fariner généreusement. Déposer la pâte à l'aide de la spatule, la fariner abondamment. Toujours avec la spatule, la retourner deux ou trois fois puis la pétrir à la main un petit moment. Enfin, donner au pain la forme que l'on désire, ronde ou rectangulaire.

Couvrir de la mousseline mouillée et essorée.
Laisser « pousser » de 20 à 30 minutes.

Pendant ce temps, allumer le four, le préchauffer à environ 200 °C (thermostat 7 ou 8). Enfourner sur la tôle éventuellement couverte de papier sulfurisé.

Le pain est cuit lorsque la croûte est dorée et que l'on peut y enfoncer une pointe de couteau qui ressort impeccable.

À partir de cette base, on peut « boulanger » les pains qui accompagneront bien les soupes.

LE PAIN AUX POIVRONS ROUGES

Aux ingrédients de base ajouter 3 poivrons rouges, 2 cuillerées d'huile d'olive ou de noix et si l'on veut une pichenette d'origan ou de sarriette que l'on incorpore à la pâte.

Il s'entend vraiment bien avec toutes les soupes froides de type gaspacho, soupe de concombre glacé, et tout autant avec le minestrone et la soupe au pistou.

Passer les poivrons sous le gril du four 15 minutes de chaque côté, et les enfermer dans une boîte en plastique fermée : ils s'éplucheront plus facilement.
Au moment de donner forme au pain, les découper en fines lanières et les incorporer à la pâte. Façonner le pain et enfourner.

LE PAIN AU LARD ET AUX OIGNONS DOUX

Aux ingrédients de base ajouter 1 botte d'oignons doux et 200 g de lardons demi-sel ou fumés.

Le bon compagnon des soupes roboratives, paysannes et potagères qu'il accompagne en généreuses tartines.

Pendant que le pain lève, éplucher et détailler les oignons en fines lamelles. Les faire blondir dans un peu d'huile ou de beurre. Faire blanchir les lardons quelques petites minutes à l'eau bouillante. Incorporer à la pâte avant de façonner le pain.

LE PAIN AU PAPRIKA ET AU CUMIN

Aux ingrédients de base ajouter 1 bonne cuillerée à soupe de graines de cumin et 2 de paprika.

Il est très couleur locale avec le bortsch chaud ou froid, les potages à la betterave et la crème d'asperge. Délicieux aussi avec du fromage blanc aux fines herbes, bien relevé.

Façonner puis saupoudrer le pain de quelques graines de cumin avant d'enfourner.

LE PAIN AUX GRAINES DE PAVOT

Aux ingrédients de base ajouter 50 g de graines de pavot.

Sa saveur très délicate en fait un bon compagnon pour les brouillades, les potages un peu exotiques, les mélanges sucrés-salés.

Avant d'enfourner, saupoudrer le pain de quelques graines de pavot et d'un peu de farine.

LE PAIN AUX OLIVES

Aux ingrédients de base ajouter 250 g d'olives noires dénoyautées

Il s'entend bien avec toutes les saveurs méditerranéennes, les salades composées qui complèteront la soupe, etc.

Avant d'enfourner, faire couler un petit filet d'huile d'olive sur le pain.

POUR CHANGER DU PAIN, DES CAKES

(recette pour 1 cake)

LE CAKE AUX OLIVES

Il est aussi agréable en accompagnement d'une soupe ou d'une terrine qu'à l'apéritif.

Dans la terrine, mélanger tous les ingrédients. Huiler légèrement le moule. Enfourner à environ 200 °C (thermostat 6/7). Cuire 30 minutes. Le cake est cuit quand une lame de couteau que l'on y pique ressort sèche.

Difficulté : **aucune.**
Temps de préparation : **1 h.**

Matériel nécessaire :
Une terrine
Un moule à cake.

Marché :
250 g de farine
4 œufs
150 g de lard ou d'entame de jambon coupée en petits dés
1 dl d'huile d'olive
1 dl de vin blanc sec
50 g de gruyère râpé
1/2 sachet de levure
125 g d'olives vertes dénoyautées.

LE GÂTEAU TROIS-TIERS

C'est en fait un quatre-quarts sans sucre, ce qui le ramène à trois éléments. Il se « tartine » de tarama ou de caviar d'aubergine, et se « trempe » dans une soupe aux fruits.

Mettre la farine (les soigneuses la tamiseront) dans la terrine avec sel et poivre. Ajouter le beurre fondu en mélangeant bien, puis incorporer les jaunes d'œufs (jamais les jaunes avant le beurre, cela ferait des grumeaux), puis les blancs battus en neige ferme et les filaments de safran, pour le raffinement.
Beurrer légèrement le moule.
Cuire 30 minutes à 180/200 °C (thermostat 6 ou 7).

Difficulté : **aucune.**
Temps de préparation : **1 h.**

Matériel nécessaire :
Une terrine
Un moule à cake
Un batteur.

Marché :
250 g de farine
4 gros œufs ou 5 moyens
250 g de beurre fondu
2 pincées de sel
2 tours de moulin à poivre
Quelques étamines de safran.

ET POURQUOI PAS DES BLINIS ?

(recette pour 6)

Séparer les blancs des jaunes d'œufs. Délayer la levure dans un peu de lait ou d'eau tiède. Dans la terrine, mélanger tous les ingrédients, le lait légèrement tiédi, sauf les blancs d'œufs, pour avoir une pâte bien lisse mais pas trop liquide. Laisser reposer 1 heure au minimum.

Passé ce délai, incorporer délicatement les blancs montés en neige et laisser de nouveau reposer au moins 15 minutes avant la cuisson.

Pour cette dernière opération, graisser la poêle avec un mélange d'huile (de préférence tournesol ou pépins de raisin) et de beurre fondu. Si l'on ne dispose pas de poêle à blinis, prendre une grande poêle antiadhésive et faire plusieurs petites « flaques » de pâte. La présentation sera moins académique, mais l'on y gagnera en rapidité d'exécution.

Cette recette est un cadeau de Katia Guttmann, qui tenait autrefois à Paris, rue du Faubourg-Poissonnière, le délicieux petit restaurant *Duna* et a fait découvrir à bien des gourmands la cuisine d'Europe centrale. Ces blinis accompagnent avec bonheur, tartiné de tarama, œufs de saumon ou saumon fumé, les soupes de poisson ou de coquillages, les brouillades, etc.

Difficulté : moyenne.
Temps de préparation : 15 min pour la pâte plus 1 h 1/4 pour qu'elle lève. On peut les préparer à l'avance et les réchauffer à four doux, dans un papier sulfurisé, après les avoir légèrement beurrés.

Matériel nécessaire :
Une terrine
Un batteur
Une poêle à blinis ou une grande poêle de préférence antiadhésive.

Marché :
4 œufs
25 g de levure de boulanger
750 g de farine
2 cuillerées à soupe de sucre en poudre
Un peu de sel et de poivre moulu
2 à 3 cuillerées d'huile
1 l de lait.

L'HUILE DE ROCOU

(recette pour 1 l d'huile)

Une amusante exotique. Le rocou, colorant puissant, brun rouge, est extrait de la noix d'arec et n'est rien d'autre que le bétel si prisé en Inde. Les esclaves noirs des Antilles l'utilisaient pour se peindre le visage et le corps. En France, on l'a baptisé cachou : effectivement, il entre pour une bonne part dans la composition du fameux petit bonbon. L'une de nos amies en fait une huile à la couleur chaude, discrètement pimentée, dont elle enduit ses rôtis, amuse ses légumes et relève ses vinaigrettes.

La recette se limite à un geste : mettre une pincée de rocou (dans les boutiques d'épices) au fond d'une bouteille d'huile d'arachide, bien secouer pour mélanger, fermer ; ajouter de l'huile et un peu de rocou au fur et à mesure que la bouteille se vide pour en avoir toujours sous la main.

Les coffrets de condiments assortis proposés par quelques grandes maisons d'épicerie fine constituent des cadeaux de plus en plus appréciés. Il y a plus original encore : les huiles parfumées « maison » que l'on ne trouve pas dans le commerce. Un petit filet dans vos soupes et potages y sera une jolie valeur ajoutée.

Difficulté : aucune.
Temps de préparation : instantané.

Marché :
Rocou (dans les boutiques d'épices)
Huile d'arachide.

LES « PERLES DE SAVEUR » DE MICHEL BRAS

(recettes pour 1/4 de 1 d'huile)

Le grand cuisinier de Laguiole, sur l'Aubrac, Michel Bras, trois étoiles au Michelin, concocte des huiles parfumées sublimes qui accompagnent notamment ses étonnantes préparations de légumes. Il nous a généreusement autorisés à en révéler les alchimies. Choisissez le parfum en harmonie avec la recette que vous réalisez.

HUILE DE PERSIL

Trier et laver le persil en éliminant les grosses queues (qui peuvent être utilisées dans un bouillon, un court-bouillon, un potage).
Mixer le persil avec l'huile et une pointe de sel.
Filtrer à travers la passoire fine.
Laisser macérer environ 4 heures et mettre en flacons.
On peut, de la même manière, préparer d'autres huiles parfumées comme l'huile de ciboulette, avec 50 g de ciboulette pour 8 cl d'huile, de ciboule ou d'ache — une plante ancienne récemment remise à l'honneur, dite aussi céleri perpétuel, qui a le même parfum que le céleri en moins prononcé et en plus fin.
Chez Michel Bras, l'huile de persil accompagne notamment, en petites touches sur l'assiette, un somptueux plat de légumes : le gargouillou. L'huile de ciboulette flirte avec un filet de saumon tiède.

HUILE DE PERSIL

Difficulté : aucune.
Temps de préparation : 20 min + 4 h de patience.

Matériel nécessaire :
Un mixeur
Une passoire fine

Marché :
150 g de persil plat
25 cl d'huile de pépins de raisin

HUILE DE SERPOLET

Débarrasser les fleurs de serpolet de leurs impuretés. Les plonger dans un bocal empli d'huile, et laisser macérer au soleil pendant quelques jours. Michel Bras en joue de façon magique avec un homard étuvé au serpolet frais.

HUILE DE SERPOLET

Marché :
1 poignée de fleurs de serpolet
10 cl d'huile d'olive

HUILE DE MILLEPERTUIS

Récolter assez de fleurs de millepertuis pour emplir un bocal. Couvrir d'huile de pépins de raisin et laisser macérer au soleil pendant quelques jours en remuant de temps en temps. Quand l'huile est devenue rouge, elle est prête à être consommée. Outre son parfum, elle est réputée efficace contre les maux d'estomac. Michel Bras en fait une vinaigrette qui accompagne un foie de veau rosé servi froid avec une extraordinaire salade de radis de Chine, valériane phu (qui peut être remplacée par de la mâche ou de la doucette) et de ficoïde glaciale.

HUILE DE MILLEPERTUIS

Marché :
Un bocal de fleurs de millepertuis
Huile de pépins de raisin

HUILE DE PISSENLIT

Alchimie et chimie. Remplir un bocal de fleurs effeuillées de pissenlit cueillies par jour ensoleillé. Couvrir d'huile de pépins de raisin. Laisser macérer au frais pendant 48 heures puis filtrer plusieurs fois à travers une fine passoire dont le fond a été saupoudré de sulfate de magnésium. C'est le grand secret. Les molécules d'eau sont piégées par le magnésium, l'huile se conserve plus longtemps en gardant tout son parfum. Elle déglace, en leur donnant une saveur inouïe, les sucs de cuisson d'un râble de lapin rôti cuit en aigre-doux à la fleur de pissenlit.

HUILE DE PISSENLIT

Marché :
Un bocal de fleurs de pissenlit
Huile de pépins de raisin
En pharmacie, du sulfate de magnésium

HUILE AUX ÉPICES

Un mélange d'huile de pépins de raisin (il faut une huile au goût neutre) et d'huiles essentielles de cannelle, de girofle et de muscade. Proportion conseillée : 1 goutte de chacune de ces huiles pour 7,5 cl d'huile de pépins de raisin. Chez Michel Bras, on l'utilise par exemple pour faire une émulsion de verts de poireaux qui accompagne une poitrine de pigeon poêlée servie avec les blancs de poireaux braisés dans un tout petit peu d'eau et de beurre.

HUILE AUX ÉPICES

Marché :
Huiles essentielles de cannelle, de girofle et de muscade
Huile de pépins de raisin

UNE LOUCHE DE PRATIQUE

Que l'on parle de potage, de consommé, de soupe, de velouté, de crème de ceci ou de cela, il s'agit toujours d'un aliment liquide, plus ou moins épais, à base d'eau ou de lait, plus ou moins enrichi de tel ou tel complément. Généralement servi chaud, froid parfois dans des circonstances plus rares, non content d'ouvrir traditionnellement un repas — celui du soir souvent, que dans bien des régions de France on nomme encore le souper — il en fut longtemps chez les moins nantis, et comme nous voulons dans cet ouvrage en remettre la pratique à l'honneur, le plat de résistance.

Du potage au velouté

Au long des siècles, au fur et à mesure de l'évolution des goûts, de la professionnalisation — dès la plus haute Antiquité — des cuisiniers et cuisinières, le vocabulaire de ces préparations immémoriales s'est diversifié au point que parfois l'on s'y perd un peu. Bien que ce type de connaissance ne soit nullement indispensable à celles et ceux auxquels nous souhaitons donner l'envie des dîners de soupe, il peut n'être pas inutile de clarifier le bouillon des mots. Étymologiquement, le mot « potage » concerne les préparations qui ont cuit au pot, et le mot « soupe » toutes celles qui, primitivement, étaient essentiellement constituées d'un pain de telle ou telle céréale, trempé d'un liquide. Aujourd'hui, les définitions ont légèrement changé de contenu. Les potages regroupent deux familles : les potages clairs et les potages liés.

Les potages clairs ont un rapport direct avec leur étymologie puisqu'ils cuisent dans des marmites ou des faitouts, héritiers directs des « pots » d'antan. Il s'agit en fait de consommés, c'est-à-dire de préparations à base d'eau, de légumes, de viandes et de condiments ou épices divers, très longuement cuits de façon à ce que le liquide de base s'imprègne de tous les sucs et parfums qui y mijotent. On appelle consommés blancs simples les préparations de ce type utilisant des viandes maigres de bœuf ou de veau. Ils peuvent être servis tels quels, enrichis de divers ingrédients (viandes, volaille, légumes spécifiques, pâtes, quenelles, etc.) comme dans les recettes que nous vous proposons, ou servir de base à des potages plus élaborés dont ils décupleront la saveur. Ils peuvent parfois être proposés glacés.

Les potages liés prennent déjà du large avec leur origine. Ils comprennent les crèmes, les veloutés, les bouillies. Ils peuvent être à base d'un consommé blanc simple, mais aussi de lait, d'eau de cuisson d'un légume frais ou sec, voire d'eau toute simple. Ce qui compte alors et fait véritablement le potage est le liant : un féculent, une céréale sous forme de grains (comme le riz), de farine, une purée quelconque. Les bisques, version très chic de ces potages liés, sont de leur famille. La « purée » diluée est alors obtenue en passant à la moulinette la chair cuite et décortiquée des crustacés tels que homards, écrevisses, crevettes, tourteaux, langoustines, etc. Comme dans bien d'autres recettes de

potages liés, de la catégorie crèmes ou veloutés, des ingrédients divers : fécule, jaunes d'œufs, crème fraîche, viennent parfaire la liaison en lui ajoutant de l'onctuosité.

Les crèmes ont pour base un consommé clair, l'eau de cuisson du légume qui va donner sa saveur dominante au potage, ou parfois du lait. Le légume cuit est mouliné très fin et ajouté à une préparation à base d'un épaississant qui peut être farine, Maïzena, crème de riz ou autre, et s'apparente à une sauce Béchamel (à base de lait) ou une sauce blanche (à base d'eau ou plus souvent de bouillon). Pratiquement tous les légumes peuvent se transformer en crème : par exemple les choux-fleurs, les artichauts, le céleri, l'oseille, les petits pois, les asperges, les laitues et les champignons. Là encore, jaunes d'œufs et crème fraîche sont mis à contribution. Lorsque l'on parle de « veloutés », c'est que le mot fait image. En réalité, soit ils relèvent de la catégorie des potages-purées, que viennent lier jaunes d'œufs, beurre ou crème, soit ils ont, comme les potages-crèmes, une base béchamélisée. Ils peuvent être préparés à partir d'un légume, d'une volaille, de champignons, etc.

Les soupes, ces bonnes vieilles soupes, dans le vocabulaire gastronomique, ont été détrônées par le potage. Les livres de cuisine classiques les définissent donc comme des cuissons généralement à l'eau, parfois au lait, comportant des légumes divers, en principe en morceaux petits ou plus gros, et, étymologie oblige, trempant du pain. Les pots-au-feu divers et les potées variées sont censés se rattacher à cette catégorie, bien qu'étymologiquement justement, ils correspondent

à la définition première du potage. Serait-ce parce que des braves potées auvergnates à la poule au pot béarnaise, ils ont cette connotation paysanne, voire rustique, qui reste également collée aux soupes et à leur pain trempé ? Les classements des catégories culinaires sont parfois bien déconcertants et finalement n'ont pas grand sens.

La saveur ajoutée

Si l'on est à peu près ignorant sur ce que purent bien ajouter à leurs décoctions, pour les rendre plus savoureuses, les femmes de la Préhistoire, il reste assez de textes de l'Antiquité pour nous administrer la preuve que depuis des milliers d'années, on sait, avec des réussites diverses, et souvent des ingrédients qui ne correspondent plus aux goûts d'aujourd'hui, ajouter de la saveur aux cuissons élémentaires par l'adjonction de condiments, d'épices, d'herbes odorantes. Les Romains faisaient grand usage du garum et du miel. Le Moyen Âge fit appel, en d'étranges mélanges, au miel et aux épices. Aujourd'hui, avec plus de discernement, on ne cesse de peaufiner l'usage des plantes aromatiques et des épices. En dehors des grands classiques comme l'ail, l'oignon, l'inévitable bouquet garni de thym, laurier et persil, le cerfeuil, le clou de girofle, la branche de céleri ou mieux encore d'ache ou céleri perpétuel, moins fort et plus délicat, l'herbier gastronomique recèle bien d'autres petites merveilles qui conviennent bien aux soupes et potages, pour peu que l'on sache en doser l'usage et les utiliser à bon escient. Vous en retrouverez un grand nombre dans les recettes que vous

propose cet ouvrage, mais pour le jour où vous vous lancerez à votre tour dans des improvisations, notez aussi sur vos tablettes, entre autres :

Les baies de genièvre, qui vont si bien au chou.

La noix de muscade, complice de la Béchamel, des purées et du potiron.

Les quatre épices, qui ne viennent pas de quatre plantes mais d'une seule dont les fruits réduits en poudre conjuguent les saveurs de la girofle, du gingembre, de la muscade et du poivre.

Le raifort, au goût proche de celui du radis noir, qui renforce, râpé, la saveur du pot-au-feu.

Le gingembre, souvent utilisé pour les soupes exotiques d'Extrême-Orient.

Le safran, bon compagnon des soupes de poisson.

La sauge, réputée digestive, dont une feuille suffit à donner une saveur subtile au porc.

L'aneth et le fenouil, classiques avec des préparations à base de poisson.

Le cumin, très utilisé dans la cuisine alsacienne, et le paprika, souvent présent dans les soupes de l'Europe centrale.

Et bien sûr le basilic sans lequel la soupe au pistou n'existerait pas.

Un trait d'huile peut aussi, dans bien des cas, enrichir la saveur d'un consommé ou d'un potage. Selon les ingrédients mis en œuvre, il peut s'agir d'une huile simple, huile d'olive, huile de noix, huile de sésame, ou, mieux encore, de l'une de ces huiles parfumées dont le grand cuisinier de Laguiole, Michel Bras, nous a autorisés à livrer les secrets que vous retrouverez pages 144-145.

Les compléments nourrissants

Constatation n°1 : la cuisson dans un liquide rend tendre ce qui est dur, et meilleur ce qui était juste mangeable. Voilà la justification du pot et de son potage. Constatation n° 2 : le liquide, pour délicieux qu'il soit, même avec viande et légumes, ne suffit pas obligatoirement à combler les estomacs vides. Les céréales sous forme de pains, de galettes, de boulettes diverses, vont rendre le repas de potage ou de soupe encore plus nourrissant. Très tôt dans l'histoire, voici donc qu'apparaissent les compléments. Non seulement ils donnent du corps au repas liquide, mais ils constituent une sorte de perfection, d'équilibre alimentaire puisqu'ils ajoutent aux sels minéraux des légumes et à leurs vitamines une part intéressante de glucides et de protéines. Dans l'Amérique précolombienne, on maîtrise l'art des galettes de maïs dont un codex énumère sept recettes. Chez les Incas, les soupes sont épaissies de quinoa et fortement relevées de piment. En Chine, à l'époque Han (vers 200 après J.-C.) on n'ignore plus rien de l'art des nouilles de riz. En Inde, on ajoute aux bouillons de légumineuses une sorte de gruau de riz. Les Égyptiens réussissent si bien les viandes en pot, donc le pot-au-feu, que les Hébreux sortis du royaume pharaonique en parlent longtemps avec nostalgie. Ce pot-au-feu, qu'il soit de viande de mammifère ou de volaille, ne peut se concevoir sans fèves, lentilles et pois chiches. Plus on avance dans les siècles, plus ces compléments se démultiplient, des plus simples aux plus élaborés. Ils ont toujours cours aujourd'hui, et bon nombre de nos recettes pour dîners de soupe y font appel. Mais pour vos réalisations personnelles, il n'est peut-être pas inutile de mentionner les principaux :

Les crêpes salées découpées en petits morceaux ou en lanières et les blinis (recette page 141).

Toutes les sortes de pâtes, du vermicelle aux macaronis de la soupe au pistou, et notamment les pâtes fraîches (recette page 72).

Les profiteroles farcies d'une préparation au choix (recette page 58), excellentes avec les consommés, les veloutés et certaines soupes. Les raviolis farcis de légumes verts (épinards, bettes) et de fromage.

Toutes les sortes de quenelles de poisson, de viande, etc. (recette page 56).

Et enfin le milhas, cher aux pays d'Oc. Il s'agit d'une sorte de bouillie de farine de maïs proche de la polenta italienne. En refroidissant, elle prend la consistance d'un gâteau dans lequel on peut couper des tranches que l'on ajoute aux bouillons divers, après les avoir ou non passées à la poêle. La préparation du milhas est une affaire difficile, demandant une certaine virtuosité dans l'art de « touiller » la bouillie très longuement, mais on en trouve actuellement d'excellent dans le commerces, sous vide ou surgelé.

Quelques petits conseils

Les légumes

Pas plus que l'on ne réussit de bonnes confitures avec des fruits gâtés ou insuffisamment mûrs, on ne fait de bonnes soupes avec des légumes défraîchis. À défaut d'avoir été cueillis le jour même au jardin, qu'ils viennent du bon commerçant, soient exempts de défauts et à

maturité. Non aux tomates vertes et insipides, aux poireaux jaunis, aux salades molles et aux carottes ramollies. Conservez-les au frais, dans le bac à légumes du réfrigérateur, et… pas trop longtemps.

Les viandes

La cuisson longue permet d'utiliser ce qu'il est convenu d'appeler les « bas morceaux » qui ont pourtant souvent plus de saveur que les parties réputées nobles et sont bien moins chers. Dans le bœuf, privilégiez le gite, le jumeau, la queue et la joue si vous aimez le moelleux un peu gélatineux. Optez pour la poitrine, le tendron, le plat de côtes si vous aimez les viandes un peu grasses, pour la macreuse et le paleron si vous les préférez maigres. Une bonne solution consiste d'ailleurs à mélanger deux types de ces viandes.

Le veau se répartit également entre moelleux et maigre. Dans la première catégorie on trouve le tendron, le flanchet, le haut de côtes, le jarret. Dans la seconde le quasi, un peu sec pour notre goût, et nettement plus cher.

Le mouton, toujours un peu gras, n'est guère conseillé.

Le porc s'utilise soit sous forme de viande fraîche, travers, jambon, échine, palette, plat de côtes, soit sous forme de petit salé.

Si l'on veut obtenir un bouillon savoureux, tout chargé du suc des viandes, ces dernières doivent toujours être mises à cuire dans l'eau froide, avec les aromates. Les légumes s'ajoutent

progressivement, en fonction de leurs temps de cuisson respectifs. Les pommes de terre doivent être cuites dans le bouillon, mais à part, faute de quoi le bouillon serait trouble.

Un bouillon de viande doit toujours être écumé en début d'ébullition, et il n'est souvent que meilleur et plus digeste si on le dégraisse. Rien de plus simple : il faut préparer le plat assez longtemps à l'avance pour qu'il ait le temps de refroidir. La graisse alors se fige en surface, on la prélève facilement à l'écumoire. Et l'on réchauffe, avant de passer à table, un bouillon irréprochable.

Quelques termes techniques

Les cuisiniers professionnels ont un vocabulaire qui laisse souvent perplexe le commun des mortels. Nous l'avons ici évité au maximum, tant il est généralement facile de le transposer dans le langage courant. Restent quand même quelques mots inévitables, à connaître une fois pour toutes.

Blanchir : passer quelques petites minutes un légume dans l'eau bouillante pour lui enlever son âcreté, comme le chou, ou opérer une précuisson rapide. Le légume ainsi blanchi doit généralement être passé sous l'eau froide et bien essoré.

Blondir : faire rissoler dans un corps gras. Faire revenir est à peu près la même opération, à cette différence que la viande ou le légume ainsi « revenu » ne prend pas forcément une couleur dorée.

Clarifier : rendre un bouillon bien clair soit en le passant dans une étamine, soit en y faisant frémir quelques instants un blanc d'œuf battu qui va se coaguler et capter les particules en suspension dans le bouillon. Le mieux est de conjuguer les deux : d'abord le blanc d'œuf, puis l'étamine.

Concasser : piler grossièrement.

Déglacer : dissoudre les sucs qui se sont caramélisés au fond d'un récipient de cuisson avec un peu de liquide : bouillon de cuisson, vin, alcool quelconque, etc., selon la recette.

Dégorger : laisser tremper une viande ou plus souvent un abat dans l'eau froide pour en éliminer le sang et les impuretés.

Émincer : détailler légumes ou viande en lamelles.

Lier : ajouter un élément — farine, beurre, crème, jaunes d'œufs, fécule, etc. — qui va donner de l'onctuosité.

Macérer : laisser séjourner assez longtemps un ingrédient dans un liquide pour qu'il s'imprègne de son parfum. Lorsqu'il s'agit d'une viande, on dit « mariner ».

Pocher : cuire rapidement dans un liquide, à découvert et sans laisser bouillir.

Réduire : laisser frémir un bouillon pour qu'il perde en volume et gagne en concentration de saveur.

Réserver : mettre une préparation de côté en attendant de la réintégrer dans la recette en cours. Cela pose parfois quelques problèmes, les cuisiniers amateurs ne disposant pas d'autant de feux et autres bains-marie que les professionnels. Pensez au four à feu doux, porte ouverte, au couscoussier qui permet de garder une préparation chaude dans le panier, au-dessus de la vapeur, au diffuseur pour ralentir la chauffe d'un feu de gazinière, à une brique préalablement chauffée dans le four, au micro-ondes à puissance minimum, au radiateur, en hiver, si vous avez le chauffage central et au bord de la cheminée, si vous avez le bonheur d'un feu de bois.

Détailler en brunoise : couper les légumes en minuscules dés.

Détailler en julienne : couper légumes ou viande en bâtonnets plus ou moins gros.

Un minimum de matériel

Aucune de nos recettes ne demande plus de matériel que celui qui est habituel dans une cuisine. Vous avez sûrement sous la main : un mixeur, un moulin à légumes avec ses grilles, dont la fine qui fera office de tamis, un hachoir, un chinois, c'est-à-dire une petite passoire pointue à mailles fines, un pilon, un carré d'étamine à mettre dans le chinois ou une passoire pour filtrer les liquides, un couteau économe, un batteur, une plaque de four ou une tôle, et la batterie classique de marmite, faitout, casseroles de tailles différentes. L'autocuiseur n'est nullement indispensable mais fait gagner du temps. Si vous l'utilisez pour des bouillons viande et légumes, il faudra l'ouvrir en cours de route pour ajouter les légumes selon leur temps de cuisson. En le passant, fermé, sous l'eau froide, vous pourrez l'ouvrir beaucoup plus vite sans risque de vous brûler.

Dernier conseil pratique

Lorsque vous préparez un bouillon de viande, prévoyez un peu plus grand que la quantité nécessaire pour le repas, laissez refroidir et congelez dans des bacs à glaçons. Vous aurez d'épatants fonds de cuisson ou de sauces prêts à l'emploi.

Ouvrage réalisé par le Studio graphique des Éditions du Rouergue

ISBN : 2-7441-6711-8
N° éditeur : 38861
dépôt légal : octobre 2003

Imprimé et relié en France par Pollina s.a., 85400 Luçon
N° d'impression : L91346